PENSAMIENTO, PALABRAS Y MÚSICA

BIBLIOTECA EDAF
234

ARTHUR SCHOPENHAUER

PENSAMIENTO, PALABRAS Y MÚSICA

Traducción del alemán y prólogo de Dionisio Garzón

EDAF

MADRID - MÉXICO - BUENOS AIRES - SAN JUAN - SANTIAGO - MIAMI

Director de la colección: MELQUÍADES PRIETO

Diseño de cubierta: GERARDO DOMÍNGUEZ

© De la traducción: Dionisio Garzón
© 1998. De esta edición, Editorial EDAF, S.L.

Editorial EDAF, S. L.
Jorge Juan, 68. 28009 Madrid
http://www.edaf.net
edaf@edaf.net

Ediciones-Distribuciones Antonio Fossati, S.A. de C.V.
Mar Arafura, 46, Colonia Popotla, Delegación Miguel Hidalgo
C.P. 11400 México D.F.
edafmex@edaf.net

Edaf del Plata, S. A.
Chile, 2222
1227 - Buenos Aires, Argentina
edafdelplata@edaf.net

Edaf Antillas, Inc
Av. J. T. Piñero, 1594 - Caparra Terrace (00921-1413)
San Juan, Puerto Rico
edafantillas@edaf.net

Edaf Antillas
247 S.E. First Street
Miami, FL 33131
edafantillas@edaf.net

Edaf Chile, S.A.
Coyancura, 2270, Of. 914, Providencia
Santiago - Chile
edafchile@edaf.net

7.ª edición, junio 2010

Depósito legal: SE-3579-2010
ISBN: 978-84-414-0420-5

PRINTED IN SPAIN   IMPRESO EN ESPAÑA
                        Imprime: PUBLIDISA

Índice

―――――

	Págs.
Prólogo, por Dionisio Garzón	9
Cronología	29

EL ARTE DE PENSAR

Pensar por sí mismo	35
Pensar y leer	51
El lenguaje y las palabras	67

EL ARTE DE ESCRIBIR

El oficio del escritor	87
Sobre el estilo	109

SOBRE LA MÚSICA

La música en la jerarquía de las artes	153
Metafísica de la música	175
La música, lenguaje universal	193
Índice de referencias	203

Prólogo

EL requisito fundamental para escribir bien, para tener lo que se considera un «buen estilo», dice categóricamente Schopenhauer, es pensar bien, es decir, tener ideas claras, originales, interesantes.

Existe un proceso que va desde la primaria ebullición de ideas en nuestra mente hasta lo que, utilizando un lenguaje corriente, pudiéramos llamar «producto acabado», en este caso, la página escrita. Se trata de la plasmación de una vivencia subjetiva, singular, vivida sólo por el individuo en su interior, en algo externo, objetivo, universal que puede ser participado por todos los demás: en el lenguaje escrito, de que aquí tratamos, y también en otras formas de arte como pintura, música, etcétera.

Esta función de convertir las vivencias internas e ideas personales en lenguaje escrito es la tarea del escritor, su yunque de prueba, tratando de captar la mariposa aleteante y colorista del propio pensamiento en la red de la palabra justa. A esto, precisamente, dedica Schopenhauer las páginas de este libro, exigiendo en la tarea del escritor autenticidad y rigor.

Proceso envuelto en las brumas y enigmas del subconsciente, tema clave del escritor o del artista, está cargado de interrogantes, la esfinge que nos mira con ojos abiertos, pues comprende, por un lado, el misterio de la captación subjetiva de la realidad y lo que llamamos creatividad de la mente humana, y, por otro —punto esencial—, la comunicación con otros, es decir, transmitir a los demás de forma que estemos seguros de que ellos captan exactamente lo que queremos expresar.

Generalmente a los autores no les gusta sumergirse y bucear en un autoanálisis para hablar de este primer estadio de su tarea creadora o de los estímulos profundos, exteriores e internos, que los impulsan a escribir, de sus afinidades por una u otra forma literaria (en momentos de optimismo dicen algunos: yo no busco, encuentro; son los temas quienes me eligen a mí; no a la inversa). Pero no hay que pedirles ni esperar de ellos este buceo. Ello no es necesario. Es algo que correspondería más bien a Freud. Sería como esperar de un hombre sano y deportista que, por lo mismo, pudiera escribir un buen tratado de fisiología.

Schopenhauer tampoco pretende adentrarse en este tema en las páginas que siguen. Los artículos aquí recogidos son más bien de tipo práctico, casi didácticos, con sugerencias para el correcto y auténtico pensar, y que las propias vivencias o ideas se transparenten en un buen lenguaje.

El lector encontrará estas páginas no sólo esclarecedoras y reconfortantes, sino también actuales y oportunas ante el diluvio de libros y publicaciones de calidad muy diversa que hoy nos inunda y parece anegarnos.

Fuente primigenia de la obra escrita y del estilo son las ideas —entendiendo este término, un tanto general e impreciso, no sólo como pensamientos o conceptos, sino también como sentimientos, como vivencias íntimas—, y las ideas, así entendidas, son obviamente la primera fase del proceso que hemos señalado. Esto es lo que otorga no sólo razón de ser y sentido al lenguaje, sino también vigor y calidad literaria al estilo.

No es cierto que todos nacemos originales y morimos copias. Todo el mundo tiene ideas y vivencias personales, y todo ser humano, en cuanto tal, como creación única y valiosa de la naturaleza, mantiene siempre unos rasgos particulares e intransferibles, así como la posibilidad de expresarse con naturalidad.

El contenido de un escrito, sublime o modesto, ha de ser el producto de ese auténtico pensar, del pensar por sí mismo, y pierde todo interés cuando se advierte que es simple eco de lo que otros escribieron, algo repetitivo con simples variantes.

«La primera regla para un buen estilo —que casi basta por sí sola— es que uno tenga algo que decir. Y con ella se va lejos.»

Supuesta esta línea de autenticidad, nos cabe preguntar: el escritor, el artista, ¿dónde encuentran sus ideas?

Escuchemos a un artista:

> ¿Me está usted preguntando dónde capto yo mis ideas? Esto no lo podría decir con exactitud. Vienen sin ser llamadas; directamente y por vías indirectas, las podría coger con las manos; en la naturaleza libre, en los bosques, en mis paseos, en la quietud de la noche, en las

primeras horas cuando rompe el día; inducidas por estados de ánimo que en el poeta se convierten en palabras, en mí, en sonidos que retumban, braman, truenan hasta que, finalmente, están ante mí en forma de notas.

(Beethoven al joven músico Schlösser)

Dejando oír su propia voz, sin necesidad de acudir a fuentes ajenas, el campo de posibilidades y temas que el escritor tiene ante sí es inmenso. No es necesario que recurra a artificiosidades de lenguaje o que oculte la vaciedad de pensamiento con preciosismo de receta o con tremendismos verbales. Si es auténtica, su exposición tendrá valor y dignidad y su pluma, como la vara de Midas, puede convertir en oro aun lo que parece más rutinario y trivial ante los ojos de espíritus superficiales. En realidad, no hay hombres pequeños ni historias pequeñas; sólo hay concepciones pequeñas del hombre y de la vida.

A un principiante, que ansiosamente buscaba opiniones y sugerencias sobre sus intentos literarios, responde Rainer Maria Rilke:

Estás buscando fuera, y esto es, precisamente, lo que no debieras hacer ahora. Nadie puede aconsejarte o ayudarte, nadie. Tan sólo existe un camino. Penetra dentro de ti mismo. Acércate a la naturaleza. Trata, como el primer ser humano, de decir lo que ves, lo que experimentas, lo que amas y lo que no alcanzas.

Escribe sobre esos temas que la vida de cada día te ofrece: describe tus propias tristezas y deseos, los pensamientos pasajeros y tu creencia en alguna forma de belleza. Describe todas estas cosas con íntima, tranquila, humilde sinceridad.

Si tu vida diaria te parece pobre, no la culpes a ella; cúlpate a ti mismo, di a ti mismo que no eres suficientemente poeta para descubrir sus riquezas. Para una mente creadora no existe pobreza y ningún lugar es indiferente y pobre.

Aunque estuvieras en una prisión, cuyos muros no dejasen llegar a tus sentidos ninguno de los ruidos del mundo, ¿no tendrías también entonces tu propia infancia, esa preciosa, regia posesión, ese tesoro de memorias? Trata de alzar las sumergidas sensaciones de ese amplio pasado. Tu personalidad se hará más firme, tu soledad hallará nuevos campos.

El pensamiento de un escritor auténtico ha de moverse libremente en cielos abiertos, sin frenos solapados de fines ambiguos o espurios y (no tratamos aquí de los escritos de carácter utilitario o práctico) sin el lastre y el agobio de presiones externas de todo tipo que sin duda le saldrán al paso. El que no puede expresarse libremente es esclavo de algo. Sin este espíritu de libertad interior, sus escritos serán de segunda clase.

¿Qué es ser escritor? Yo diría que es ser libre. Yo sé que algunos escritores no son libres; son empleados profesionales, que es algo distinto.

Profesionalmente son, probablemente, mejores escritores en el sentido convencional de «mejores». Tienen un oído pegado al suelo de las demandas profesionales de los *best-sellers:* satisfacen a los editores y presumiblemente también a su público. Pero no son libres y, por tanto, no son lo que yo considero que es un verdadero escritor.

Yo siempre he escrito por razones más profundas que lo que implica el término «profesional», y pienso que esto ha sido a veces en detrimento de mi carrera. Pero la mayor parte del tiempo ha sido para su provecho.

Los agentes viven en un mundo diferente del de los artistas que ellos representan. Suelen ser excelentes para afinar asuntos de negocios, pero a veces son muy obtusos para reconocer una obra original y con carga creativa en sus primeros estadios.

(Tennessee Williams)

El escritor es consciente de que todo ese mundo etéreo y volátil que su mente ha concebido ha de «traducirlo» en palabras ajustadas y exactas, ha de cristalizarlo en un lenguaje concreto.

«La vida real de un pensamiento dura tan sólo hasta que llega al punto límite de la palabra: entonces se petrifica y queda muerto pero indestructible como las plantas y animales fosilizados de la prehistoria. Cuando nuestro pensar ha encontrado palabras, deja de existir en nosotros.»

Y así entramos de lleno en el mundo del lenguaje. Las ideas de nuestra mente, cristalizadas en la palabra, se emancipan de quien las concibió para, en alas del lenguaje, tener una vida independiente y propia, y se convierten en «dominio común», en «bienes mostrencos».

La palabra hablada, con su carga y contenido de efectos terribles o banales, no siempre previsibles, se perderá en el viento —la palabra es viento— sin posible retorno; muchas veces para pesar de quien la pronunció.

En la palabra escrita, adormecida en la página impresa, podrán fijarse otros ojos, y en un proceso inverso, ascendente, alumbrará ideas en otras mentes y despertará fuego de sentimientos en otros corazones; abeja que alza el vuelo para poner en otros labios su aguijón o su miel.

Así lo expresó uno de nuestros poetas cuya mente concibió bellas canciones que plasmó en lenguaje escrito y éstas, después, siguieron su vida propia.

> Cuando la gente ignore
> que estás en el papel,
> y el que te cante llore
> como si fueras de él,
> entonces tú serás
> la copla verdadera,
> la alondra mañanera
> que lejos volarás
> y en labios de cualquiera
> de mí te olvidarás.

> (M. Machado)

La palabra —hablada o escrita— es tan sólo «una de las formas» de expresión de nuestras ideas, de nuestros sentimientos, de nuestra intimidad. Sería erróneo sobrevalorar el alcance del lenguaje, entendiendo esta palabra en su sentido habitual. No todas las cosas son tan expresables en lenguaje como muchos piensan. Gran parte del acontecer está vetado a la palabra, se desarrolla en un ámbito donde la palabra no entra, es indecible.

Aparte de otras posibles formas de arte, todas ellas modos de expresión, en la vida cotidiana, son elocuentes manifestaciones de nuestro mundo interior, con inconfundibles y claros mensajes y sin mediar palabras, los ojos, las manos, la actitud del rostro, cualquier gesto. Quien no es capaz de entender una mirada, mucho menos será capaz de entender un largo discurso.

Más aún, las limitaciones del lenguaje como vehículo expresivo las sentimos con frecuencia al bregar con palabras para plasmar en ellas, sin que pierdan intensidad, ideas que en la mente brillan con deslumbrante claridad, sentimientos que presionan casi a punto de estallar.

Tantas veces, para desesperación de oradores y escritores (lo mismo podría aplicarse a otras formas de arte como música, pintura, etc.), el canal de la palabra hablada o escrita parece ofrecer un cauce demasiado angosto para el torrente de ideas y pasión que por él quiere irrumpir. El escritor y el hablista fuerzan la tesitura del lenguaje casi hasta el punto de ruptura, pretendiendo inyectar en las palabras un vigor y un sentido más allá del límite de su capacidad. Todo en vano. Los símbolos verbales no pueden reflejar todo el ímpetu de la personalidad que quisiera volcarse íntegra en la palabra.

En el Museo del Prado puede verse uno de los cuadros más intensos y trágicos de Goya: *El tres de mayo de 1808 en Madrid. Los fusilamientos en la montaña del Príncipe Pío.* Ceremonia de horror y muerte: al paso arrollador de la guerra, el trágico patetismo de esos seres humanos indefensos ante su destrucción implacable. Con trazos recios, casi violentos, en apariencia sin el menor refinamiento, la mano maestra del pintor plasma esa crueldad dramática llevando la luz y el color a sus extremos más tensos.

De este cuadro dice De Amicis: «Es el último punto a que puede llegar la pintura antes de convertirse en acción; pasado este punto, uno tira el pincel y coge la espada.»

Como señala Ortega y Gasset: «La palabra es un signo de la idea y la escritura un signo de la palabra: cada nuevo transmisor intermediario hace perder intensidad en lo subjetivo.»

Pero, con todas las limitaciones y restricciones que queramos asignarle, el lenguaje escrito y hablado ha sido y seguirá siendo el gran medio de comunicación y relación entre los contemporáneos en todo el orbe y, en el correr de los siglos, entre las generaciones. En las bibliotecas, en el silencio de la letra impresa, se ha ido acumulando, como en un remanso, la sabiduría de la humanidad. «La palabra —escribe Gorgias— es un poderoso tirano, capaz de realizar las obras más divinas, a pesar de ser el más pequeño e indivisible de los cuerpos. Es capaz de apaciguar el miedo y eliminar el dolor, de producir la alegría y excitar la compasión.»

En resumen, supuesta la claridad de un pensamiento, la intensidad de una vivencia, estos pensamientos y vivencias hay que plasmarlos, para compartirlos con los demás, en palabras de una lengua concreta y determinada, de una de las lenguas que existen en esta torre de Babel que es nuestro mundo. ¿En cuál de estas lenguas?

Apenas tenemos opción. Son la geografía (el país donde hemos nacido) y la historia (nuestra época respectiva) quienes nos asignan —el destino manda— un idioma, uno de los innumerables de esa torre de Babel.

A nosotros, los posibles lectores de este libro, el destino nos ha asignado la lengua castellana o española que se extiende por varios continentes, y precisamente la lengua castellana tal como se habla «ahora».

La época es factor esencial porque el lenguaje no es una obra definitiva e inmutable; es una actividad que va haciéndose; es el desbordamiento del espíritu de un pueblo que, en su camino por la historia, va adquiriendo nuevas formas y expresiones y deja que otras se hundan, como lastre inútil, en el océano sin fondo del tiempo y del olvido.

En este sistema, jamás estático, de pensamiento y símbolos, se pueden considerar aspectos o estratos distintos.

El lenguaje es, por un lado, algo connatural, intrínseco a nosotros, que —si no se trata de idiomas secundarios, adicionalmente aprendidos— asumimos de modo inconsciente y, en la práctica, no se distingue de nuestro propio pensar y sentir. En el hombre adulto el lenguaje es la base material del pensamiento. Por ello, algunos afirman, con excesiva rotundidad, que nuestro inconsciente está estructurado como lenguaje y nuestra actividad mental es lenguaje, es decir, sólo puede ser estructurada en palabras. Pero cabría preguntarse qué componente lingüística tiene, si alguna, el pensamiento silencioso y la posibilidad de la idea pura, el pensamiento puro sin soporte de lenguaje, un pensamiento por encima y al margen de la palabra. Dicho de otro modo, si el lenguaje expresa un pensamiento preexistente o si lo constituye. La interrelación entre pensamiento y lenguaje es uno de los problemas más complejos de la psicología.

Por otra parte, el lenguaje es algo objetivo, independiente de nosotros, con unas reglas, una gramática y una sintaxis que es preciso respetar; es esencialmente bipolar o bifróntico, es decir, requiere la concordancia perfecta entre un emisor —quien lo habla o escribe— y un receptor —quien lo escucha o lee—, lo cual supone un código común que es aceptado por ambos. De lo contrario, sólo resultaría inanidad y confusión.

El respetar esas reglas, el dominar la técnica del idioma, es una parte, instrumental si se quiere, pero necesaria del oficio del escritor. Cuanto mejor las domine —nos referimos al lenguaje vivo y real—, su estilo será más fluido y transparente y más amplia será esa base, casi invisible, de compatibilidad y compenetración con los lectores.

Ello no ha de suponer una postura rígida y anquilosada de seguimiento ciego a las fórmulas existentes. Un pueblo va creando nuevas palabras y nuevas fórmulas de expresión que responden a nuevas ideas, nuevas invenciones tecnológicas y al espíritu cambiante de cada época. Esto explica también el cambio relativamente rápido en los estilos de oratoria, de narrativa y de lírica aun dentro de un mismo siglo.

Algo muy distinto es la ligereza de los escritores que gratuitamente, en un arranque de genialidad subjetiva, «inventan palabras» y fórmulas lingüísticas que no tendrán eco ni se convertirán en moneda corriente porque no responden al alma del idioma ni expresan nuevos conceptos. Schopenhauer dirige las flechas afiladas de su crítica sobre algunos de sus contemporáneos por esta práctica que considera un «signo de pobreza de espíritu».

Es lo mismo que fustigó uno de nuestros clásicos:

> Cualquier escritorcillo petulante
> tiene derecho, sin saber el nuestro,
> de inventar un idioma a su talante.

De modo igualmente erróneo, como quien compra aderezos en el mercado de anticuarios, algunos de nuestros casticistas se dedicaban a pescar con caña, en nuestros escritores de los siglos XVI y XVII, algunas expresiones con las que esmaltaban artificiosamente sus escritos, en lugar de hablar en su propio estilo auténtico y personal.

Entre los dos aspectos señalados, el íntimo de la mente y el exterior de los formalismos verbales y la gramática, existe una influencia recíproca, que crea vínculos naturales de afinidad cultural entre quienes tienen un idioma común y constituye lo que se ha llamado «comunidad lingüística» *(Sprachgemeinschaft).*

Cada sistema de signos lingüísticos, cada lengua, es no sólo un medio de comunicación, sino una proyección del espíritu humano que conlleva una particular visión del mundo y de la vida. De la misma manera que las artes y las ciencias, cada lengua refleja los modos de pensar del pueblo que la habla.

Dos citas muy significativas a este respecto. En esta vertiente sociológica y en su línea intimista, escribe Miguel de Unamuno: «La sangre del espíritu es mi lengua, y mi patria es allí donde resuene soberano su verbo.»

Antonio de Nebrija, en el prólogo a su *Gramática Castellana,* utiliza un lenguaje más rotundo: «Una cosa hallo y saco en conclusión muy cierta: que siempre la lengua fue compañera del imperio.»

Lengua y política es uno de los capítulos más interesantes, con frecuencia conflictivos, de la historia.

La exaltación y el estudio de la propia lengua y su historia en una comunidad lingüística como nexo importante de la cohesión social y factor básico de la propia cultura es siempre aceptable, aunque a veces se haga de un modo ingenuo, como en la retórica lírica de los juegos florales, y se pase a la exageración con ribetes de *patrioterismo*.

Pero utilizar la lengua como una herramienta más de poder, forzando la marcha de la historia e imponiéndola a otros arbitrariamente, por motivos extraculturales, o bien prohibiendo su uso, ha sido y está siendo una fuente de conflictos. De ello hemos tenido y estamos teniendo ejemplos en España.

Por otra parte, la movilidad normal de los pueblos en la historia ha hecho inevitable el encuentro y la superposición de diversas comunidades lingüísticas que tienen que convivir. A veces lo han hecho de modo natural y armonioso, otras con graves tensiones.

Con frecuencia, pero no siempre, la extensión de una lengua a otras regiones ha ido acompañada de la hegemonía política. La lengua común del imperio romano, el latín, primitivamente era la lengua hablada por las tribus procedentes del noroeste de Europa que se establecieron en la región del Lacio, donde fue adquiriendo importancia la ciudad de Roma. Desde Roma, ya constituida capital del imperio, su lengua se fue extendiendo, sobre todo en los amplios territorios de la zona occidental.

En cambio, en el vasto imperio de Alejandro Magno, con su enorme potencia militar y territorial, la lengua griega se mantuvo aunque la importancia política de Atenas en ese tiempo era irrelevante.

En la Edad Media, la hegemonía política de Castilla fue la base de que su propio dialecto se convirtiera en la lengua común de España. Esa misma irradiación política, administrativa y comercial, hizo que el dialecto de París, de un modo casi natural, se convirtiese en el francés común; así como el dialecto de Londres llegó a convertirse en la lengua inglesa común.

Una lengua puede extenderse más allá de las fronteras de su propio estado y convertirse en lengua internacional, generalmente por influencia comercial, superioridad política o prestigio cultural. Una vez desaparecido el Imperio Romano, el latín fue durante toda la Edad Media lengua internacional y hasta la paz de Westfalia estuvo en uso como lengua diplomática. Hasta bien entrada la Edad Moderna las obras científicas de medicina, arquitectura, astronomía, etc., se escribían en latín. Se entiende que se trata de latín culto; del latín vulgar, que transmitía la soldadesca romana, surgieron las lenguas romances. La lengua francesa tuvo su gran época como lengua internacional ya desde la última parte de la Edad Media compitiendo con el latín. En los siglos XVI y XVII por un tiempo se impuso el español, cuya proyección se mantuvo en América pero no tanto en Europa. Desde el siglo XVIII el rango internacional corresponde, sobre todo, al inglés.

¿Son todas las lenguas igualmente idóneas para expresarnos? Las lenguas son iguales en cuanto al punto de llegada y, pudiéramos añadir, en cuanto al punto de partida; todas ejercen una idéntica función y todas pueden traducirse. Pero sus características específicas son muy diversas y de gran interés para los lingüistas, sobre todo para los interesados en lingüística comparada.

Schopenhauer, que dominaba, además de las lenguas clásicas, las principales lenguas europeas de su tiempo, hace en su obra algunas referencias a este respecto, aunque ningún estudio sistemático.

Nunca escatima sus elogios a las lenguas clásicas «muy superiores a las nuestras en cuanto a perfección gramatical». Las considera excelente escuela para aprender estilo (eran los tiempos de auge de la filología clásica en las universidades europeas) y, según él, en quienes las ignoran, simple vulgo y gente sin horizontes, «no tendréis otra cosa que mozos de peluquería fanfarrones».

A las lenguas clásicas equipara de algún modo la lengua alemana, que todavía hoy conserva las declinaciones y, en su opinión, es «la única en que se puede escribir casi tan bien como en griego y en latín; elogio que no se puede dirigir, sin caer en ridículo, a las otras lenguas principales de Europa que no son más que simples dialectos».

En otro pasaje, señala que «el verdadero carácter de los alemanes es la pesadez. Muy especialmente en su estilo escrito les causan placer los párrafos pesados, largos y complicados».

Dada la transparencia y agilidad de su prosa, Schopenhauer es considerado, dentro de la literatura alemana, como sucede también con Heinrich Heine, autor de línea francesa. De hecho, aprendió esta lengua siendo niño, cuando su padre lo envió una temporada a Francia a casa de un amigo que tenía una hijo de su misma edad y la asimiló tan bien que casi olvida su nativo alemán.

«Ninguna prosa se lee con tanta facilidad ni tan agradablemente como la prosa francesa. El francés encadena sus pensamientos en el orden más lógico y, sobre todo, más natural.»

No obstante, refiriéndose, sobre todo, al francés hablado, que es lengua de sílabas nasales, dice: «Esa lengua tan desabrida como es el francés en sí, que es un italiano deformado del modo más repelente, con la horrible sílaba alargada final y la pronunciación nasal.»

Subraya una deficiencia casi chocante del idioma francés, «que ofrece el ejemplo altamente escandaloso de la inexistencia del verbo "estar", que se encuentra en todos o casi todos los otros idiomas».

Las lenguas de Europa, casi todas ellas de la familia indoeuropea, muestran elementos comunes al provenir muchas de la misma raíz, como las del grupo latino en el sur, e influencias recíprocas por razones históricas. La lengua inglesa, por ejemplo, tiene una primitiva base anglo-sajona, en realidad germánica; sobre ella una gran influencia normanda y un importante contingente latino. Es lengua de casi monosílabos y muy abierta y adaptable, con una ortografía complicada y fonética muy divergente de la grafía. Junto a ella el alemán es una lengua compacta y cerrada y de fonética más sencilla. El alemán, con las declinaciones y, sobre todo, con el adecuado uso de los prefijos y sufijos, aplicados a una misma raíz abstracta, permite con gran facilidad precisar y matizar conceptos. Entre las latinas, la lengua castellana tiene un acento tónico muy marcado en cada palabra y es la más sobria en fonética. Tiene tan sólo cinco vocales fundamentales, sin distinguir abiertas o cerradas, en contraste con otras lenguas europeas. En cambio, otra lengua ibérica, el portugués, es muy rica en vocales y modalidades fónicas. Esta riqueza fónica nos hace difícil el comprender el portugués de la península, en tanto que nos resulta más fácil, por ser más abierto, el portugués de Brasil.

Pero, con su gran riqueza y variedad, el mundo de la palabra, como antes hemos señalado, tiene unos límites.

Y donde terminan las palabras... ¡empieza la música!

¿Podría, pues, entenderse la música como otra forma de lenguaje que ofrece posibilidades expresivas que la palabra no alcanza? O ¿es el mundo del sonido, ritmo y cadencias un mundo del todo distinto? Schopenhauer habla de la música como «el verdadero lenguaje universal que en todas partes se entiende y, por ello, se habla en todos los países y a lo largo de todos los siglos, con gran tesón y gran celo». Música y palabra: una separación contundente entre ambos elementos sería simplificar en extremo. En realidad, se trata de una relación ambigua y complicada, largamente debatida en la historia del pensamiento musical.

A lo largo de los siglos, en innumerables especulaciones teóricas —siempre inconclusas—, se ha subrayado unas veces la independencia y emancipación de la música respecto a la palabra, y otras la complementariedad de ambas o la subordinación del lenguaje musical al lenguaje verbal. Desde el Renacimiento, y especialmente en la época romántica, se ha insistido más bien en la liberación y autosuficiencia del lenguaje musical. Para Schopenhauer, sin el texto literario, la música «se mueve mucho más libremente», especialmente «en el concierto, en la sonata y, sobre todo, en la sintonía... ¡Dadme música de Rossini: esa música habla sin palabras!». Pero, de hecho, aun en el periodo romántico, la música ha seguido manteniendo conexiones con la literatura y la poesía, como en los *Lieder*.

Sobre las líneas básicas de la filosofía de Kant, que en diversos puntos él modifica y pretende culminar, Schopenhauer parte de la distinción kantiana entre fenómeno y cosa en sí, distinción que no siempre interpreta en el mismo sentido que su maestro.

Su obra principal, *El mundo como voluntad y representación,* empieza con esta afirmación: «El mundo es mi representación.»

La representación es el conjunto de fenómenos y, en cuanto tal, mera apariencia, comparable, en términos de la antigua filosofía india, al velo de ilusión de Maya que cubre los ojos de los mortales, al espejismo del desierto, «reflejo del sol en la arena que el viajero toma por manantial». En esta línea, una tradición de poetas, desde Píndaro a nuestro Calderón, han elaborado sobre «la vida es sueño».

Ello supone un sujeto que conoce y un objeto de la representación; son dos elementos necesarios e inseparables, y las condiciones a que ha de someterse todo objeto intuido son las formas *a priori* de espacio, tiempo y causalidad. Al estudio del principio de causalidad dedicó Schopenhauer su tesis doctoral con el título de *La cuádruple raíz del principio de razón suficiente,* y distinguió cuatro formas de este principio (del devenir, del ser, del conocer y del actuar).

Pero el mundo no es sólo representación. Más allá de las apariencias, más allá del mundo fenoménico, Schopenhauer cree descubrir (en esto se separa de Kant) la cosa en sí, la realidad, el principio primario de actividad vital: la Voluntad.

No se trata de la voluntad humana, sino de una voluntad universal, impulso originario, voluntad de vivir.

Esta voluntad-energía, unidad que se oculta tras la multiplicidad de los entes, es indivisa y una, pero, sin perder su unidad, se manifiesta y se objetiva en los seres individuales.

La objetivación significa que se hace presente en la naturaleza a través de las propiedades. Cada uno de estos grados de objetivación expresa unas propiedades específicas de los seres de un modo semejante, pero no idéntico, a las ideas platónicas, viniendo a ser respecto a las cosas individuales como sus eternas formas o modelos.

Pero la idea no está al alcance del conocimiento común y científico que, por ser tan sólo conocimiento del mundo como representación, es relativo y está sometido continuamente a la voluntad.

Sólo el arte tiene como función conocer la idea que, en cuanto especie, en cuanto algo universal y genérico, es la primera e inmediata objetivación de la voluntad. El arte no intenta, como la ciencia, la explicación de los fenómenos sino que permite contemplar los objetos en sí mismos; poderosa fuente de conocimiento, arranca los velos de Maya de espacio, tiempo y causalidad, accediendo a la contemplación directa de las cosas.

Aunque esta capacidad, en mayor o menor grado, la tengan todos los hombres, sólo el artista y, en su grado superior, el genio pueden acceder al conocimiento de la idea y lograr la intuición estética que tiene por objeto, no los fenómenos en cuanto tales, sino las ideas. El artista es capaz de superar el principio de individuación, a que está sometido el conocimiento intelectual y, en la contemplación estética, la inteligencia se libera momentáneamente de la servidumbre de la voluntad.

Las artes están clasificadas con arreglo al grado más o menos alto de objetivación de la voluntad que represente su idea: desde la arquitectura, que corresponde al grado más bajo, donde la voluntad «se muestra como oscuro, inconsciente, mecánico impulso de la masa», a través de la escultura, la pintura y la poesía, hasta la tragedia que es el arte más elevado.

Pero, en esta enumeración y jerarquización de las bellas artes, hay una que queda y debe quedar excluida: la música. A diferencia de las demás, la música «no es una representación de las ideas o grados de objetivación de la voluntad, sino la expresión directa de la voluntad misma». Por eso, tiene un lugar prominente, por encima y más allá de todas las otras artes.

La concepción de la música en Schopenhauer hay que entenderla en el contexto del periodo romántico y dentro de su propio sistema filosófico. Para expresar la esencia del mundo de los sonidos, apenas captable en palabras, acude a analogías y metáforas, desde el punto de vista estrictamente musical, algunas cuestionables y cuestionadas, pero él mismo señala expresamente que «no hay que olvidar, en la comprobación de las analogías que he expuesto, que la música no tiene respecto de las mismas una relación directa sino solamente indirecta, pues ella no expresa el fenómeno sino la esencia íntima, el en sí de todo fenómeno, la voluntad misma. La música no expresa tal o cual placer determinado, tal o cual aflicción, dolor... sino el placer mismo, la aflicción, el dolor; nos da su esencia sin nada accesorio».

En un audaz y elaborado intento de sistematización filosófica, dentro de las coordenadas de su propio sistema, estas páginas, de fina penetración en la esencia y el significado del mundo de los sonidos, son de las más agudas y más brillantes que sobre música se han escrito.

DIONISIO GARZÓN

Cronología

1788.   22 de febrero. Nace Arthur Schopenhauer en la
ciudad libre de Danzig entonces bajo la tutela de
Polonia. El primero de dos hijos (su hermana,
Adela, nació nueve años más tarde) de Enrique
Floris y de Johanna Trosiener. Su padre, un prós-
pero hombre de negocios, influyente en la ciudad.
Su madre, una mujer inteligente, hija de un con-
sejero, se interesaba por los temas culturales.

1793.   La ciudad de Danzig es anexionada a Prusia y la
familia se traslada a Hamburgo. Cuando Arthur
tenía nueve años, su padre lo envía a Francia, a
la casa de un amigo que tenía un hijo de la misma
edad de Arthur. Muestra gran capacidad para los
idiomas. Aprendió el francés con tanta perfección que casi olvida el alemán.

1803.   Largo viaje con sus padres por varios países de
Europa: Inglaterra (en Wimbledon asiste varios me-
ses a una escuela para aprender el inglés), Holanda,
Francia, Suiza.

«Aprendí a observar y conocer directamente las cosas, no contentarme con referencias o palabras. Las cosas mismas, no sonido de palabras.»

1805.   Muerte de su padre en circunstancias no aclaradas. Pudo ser un accidente o suicidio.

1806.   La madre se traslada a Weimar. Abre un salón literario, muy concurrido y apreciado en el ambiente cultural de la ciudad. Goethe es uno de sus contertulios. Más tarde, Arthur escribiría, resultado de sus conversaciones y discusiones con Goethe, un tratado *De la visión y los colores*. La madre, en esta ciudad, escribió y publicó con éxito varias novelas.

1813.   Tras estudios en las universidades de Göttingen (donde inicialmente se matriculó en la facultad de Medicina) y Berlín, obtiene el título de Doctor por la universidad de Jena y publica su tesis doctoral: *De la cuádruple raíz del principio de razón suficiente.*

1818.   Publica su obra más ambiciosa, *El mundo como voluntad y representación,* que no tuvo eco entre los lectores.

1820.   Tras una estancia en Italia, inicia en la Universidad de Berlín —sin éxito— una carrera como profesor.

1822.   Segunda estancia en Italia. A su regreso a Alemania, una grave enfermedad lo retiene en un sanatorio en Badgastein y después en Dresde. Una vez recuperada la salud retorna a Berlín.

1831.   Una epidemia de cólera asola Berlín, y abandona la ciudad para instalarse temporalmente en Francfort del Main y después en Mannheim. Durante su estancia en esta ciudad tradujo *El oráculo manual y arte de la prudencia,* de Baltasar Gracián.

1833.   Retorna a Francfort, donde fija definitivamente su residencia. En años sucesivos publica, entre otras obras, *Sobre la voluntad en la naturaleza* (Unamuno traduciría este libro), *Los dos problemas fundamentales de la Ética* y también una nueva edición de *El mundo como voluntad y representación* con amplios suplementos de extensión casi equivalente a la del texto de la primera edición.

1851.   *Parerga y Paralipomena,* colección de muy diversos temas sobre literatura, música, aforismos sobre «El arte del buen vivir», etc., en excelente estilo literario. Es el libro que, durante su vida, más éxito tuvo entre los lectores y más fama le dio.

1858.   La Real Academia de Ciencias de Berlín propone a Schopenhauer el título de miembro, que éste rechaza.

1860.   21 de septiembre. Muere en Francfort, a los 72 años, tras una breve enfermedad.

EL ARTE DE PENSAR

Pensar por sí mismo

———

La más rica biblioteca, si está en desorden, no es tan útil como una biblioteca restringida pero bien ordenada. Del mismo modo, puede uno tener multitud de conocimientos; pero, si no han sido elaborados por el propio pensar, resultarán de menos utilidad que una pequeña cantidad de los mismos debidamente asimilados. Tan sólo combinando todos los aspectos de lo que uno conoce y comparando una verdad con otra, se llegará a dominar y se entrará en posesión del propio saber. Únicamente se puede profundizar en aquello que uno conoce; hay, por tanto, que aprender algo: pero tan sólo se sabe aquello que uno ha profundizado.

Leer y aprender son cosas que podemos hacer por propia voluntad; pero no sucede lo mismo con el pensar. El pensar ha de ser estimulado, como el fuego por una corriente de aire, y sostenido por algún interés en el tema que está en juego. Este interés puede ser de tipo puramente objetivo o solamente subjetivo. El último caso se refiere, de manera exclusiva, a las cosas que nos conciernen personalmente. El interés objetivo se aplica tan sólo a las cabezas pensantes por naturaleza, para las que el pensar es algo tan natural como el respirar. Pero son casos muy raros. Por eso, encontramos tan pocos ejemplos entre los eruditos.

* * *

Es increíble qué diferente efecto tiene sobre la mente el propio pensar en comparación con la lectura. Y esto acrecienta la diferencia original de los cerebros, en virtud de la cual, unos se ven inclinados a pensar y otros a leer. La lectura impone a la mente pensamientos que son tan extraños y heterogéneos a la dirección y a la disposición en que entonces se encuentra, como el sello al lacre sobre el cual imprime su marca. El espíritu recibe así una total compulsión desde el exterior para pensar una cosa u otra, aunque no tenga en el momento el menor impulso o inclinación a hacerlo así.

En cambio, cuando uno piensa por sí mismo, sigue el impulso de su propia mente tal como está determinado en ese instante por las circunstancias exteriores o por algún recuerdo. Las circunstancias exteriores no imponen a la mente un pensamiento determinado, como hace la lectura, sino que meramente le dan la materia y la ocasión de pensar lo que es conforme a su naturaleza y a su situación presente.

Por esta razón, el mucho leer priva al espíritu de toda elasticidad; es como mantener un muelle bajo la presión continua de un gran peso. Y el método más seguro para no tener pensamientos propios es coger un libro en la mano en cuanto disponemos de un minuto libre.

Esta práctica es la que explica por qué la sobrecarga de erudición hace a tantos hombres más triviales y simples de lo que, por naturaleza, son, y priva a sus escritos de todo éxito *.

Como agudamente dice Pope, están:

> For ever reading, never to be read.
> (Siempre leyendo, para nunca ser leídos.)

Eruditos son aquellos que han leído en las páginas de un libro; los pensadores, los hombres de genio, lumbreras del mundo e impulsores del progreso, han leído directamente en el libro de la naturaleza.

* * *

Básicamente, sólo los pensamientos propios tienen verdad y vida; sólo entendemos a éstos de forma auténtica y total. Leer los pensamientos de otros es como tomar las sobras de un banquete al que no fuimos invitados o como ponernos los vestidos que un forastero dejó en casa.

El pensamiento leído en otros es al pensamiento propio, nacido espontáneamente en nosotros mismos, lo que el fósil de una planta prehistórica es a las plantas que brotan en primavera.

* * *

---

* Muchos son los que escriben, pero muy pocos los que piensan.

La lectura no es más que un sucedáneo del propio pensar. Dejamos que nuestra mente, sobre andadores, siga el camino que otro va señalando. A esto se añade que muchos libros sirven sólo para mostrar cuántos falsos senderos existen y cómo podemos extraviarnos si los seguimos. Pero aquel a quien el genio dirige, es decir, el que piensa por sí mismo, el que piensa libre y profundamente, éste posee la brújula para encontrar el camino verdadero.

Hay que leer tan sólo cuando se seca la fuente de los propios pensamientos; lo cual sucede con frecuencia aun a las mejores cabezas. Pero desechar los pensamientos propios y auténticos, para tomar un libro en la mano, es pecado contra el Espíritu Santo. Sería como si huyésemos de la naturaleza libre para contemplar un museo de plantas disecadas o para observar bellos paisajes grabados en láminas de cobre.

Podemos a veces descubrir, a base de tiempo, esfuerzo y reflexión, una verdad o una idea que se hubiera podido cómodamente encontrar en un libro y nos hubiésemos ahorrado todo el trabajo. Pero tiene cien veces más valor cuando la hemos obtenido por el pensar personal. Sólo entonces penetra como parte integrante, como miembro vivo, en el sistema entero de nuestro pensar, se mantiene en plena y sólida relación con él, es comprendida en todas sus razones y consecuencias, adquiere el color, matiz y sello de toda nuestra manera de pensar y, como llega en el momento preciso en que su necesidad se hacía sentir, queda enérgicamente fijada y no puede olvidarse. Aquí tiene perfecta aplicación, y su interpretación, el consejo de Goethe:

Was du ererbt von deinen Vätern hast,
Erwirb es, um es zu besitzen.
(Lo que de tus mayores has heredado, gánalo,
para que, de verdad, sea tuyo.)

(*Fausto*, I, 682)

El que piensa por sí mismo se forma sus propias opiniones y tan sólo más tarde conoce los testimonios de otros a este respecto, cuando no sirven más que para confirmar su creencia en ellas y en sí mismo.

El filósofo que saca sus ideas de libros empieza por las autoridades y, con las opiniones de otros que ha recogido, construye un conjunto que se parece a un autómata compuesto de materiales extraños.

En cambio, el que piensa por sí mismo crea una obra que es un ser vivo, producto de la naturaleza. El mundo exterior se encarga de fecundar al espíritu pensante que después procrea y da a luz un ser con vida.

La verdad puramente aprendida se adhiere a nosotros como un miembro artificial, un diente postizo, una nariz de cera o, a lo sumo, como una nariz rinoplástica.

La verdad adquirida por el propio pensar es un miembro natural: tan sólo ella nos pertenece en realidad. Ésta es la diferencia fundamental entre el pensador y el simple erudito.

El producto intelectual del que piensa por sí mismo es como un bello cuadro, fiel a la vida, en que la luz y las sombras son exactas, su tono contenido, la armonía de colores perfecta.

El producto intelectual del erudito, por el contrario, recuerda una gran paleta llena de abigarrados colores, a lo sumo sistemáticamente dispuestos, pero sin armonía, sin cohesión y sin significado.

* * *

Leer es pensar con la cabeza de otro en lugar de con la propia. Y nada hay tan perjudicial para el pensar personal, que siempre tiende a desarrollar un conjunto coherente, aunque no sea estrictamente cerrado, como una afluencia demasiado abundante de pensamientos extraños, debida a una continua lectura.

Esos pensamientos, procedentes, cada uno de ellos, de mentes muy diversas, pertenecientes a distintos sistemas, impregnados de diferentes colores, nunca fluyen por sí mismos en un todo intelectual, en una unidad de saber, de profundidad, de convicción; más bien producen en el cerebro una ligera confusión babélica de lenguas, privan al espíritu, que está sobrecargado, de toda visión clara y, por así decir, lo desorganizan.

Tal situación puede observarse en muchos eruditos, y ello hace que, en sana comprensión, juicio recto y sentido práctico, sean inferiores a muchos no eruditos que siempre han subordinado e incorporado a su propio pensar el pequeño saber que han obtenido del exterior por la experiencia, la conversación y un poco de lectura.

Precisamente esto es lo que hace también, en mayor escala, el *pensador* científico. Aunque tiene necesidad de muchos conocimientos y debe, por consiguiente, leer mucho, sin embargo, su espíritu es suficientemente fuerte para dominar todo esto, para asimilarlo e incorporarlo en el sistema de sus pensamientos y subordinarlo así al conjunto orgánico de sus intuiciones grandiosas, siempre abiertas a nuevos desarrollos. Y, en el proceso, su propio pensar, como el bajo del órgano, domina constantemente todo y no es nunca sofocado por otros tonos, como sucede con las mentes puramente enciclopédicas en las que fragmentos musicales en todas las claves se mezclan confusamente y ya no se oye ninguna nota fundamental.

* * *

Las personas que se han pasado la vida leyendo y han sacado su sabiduría de los libros son como aquellos que, a través de numerosas descripciones de viajes, han adquirido conocimiento exacto de un país: pueden darnos muchos detalles sobre él; pero, en realidad, no tienen un conocimiento coherente, claro y profundo de su condición real.

Los que pasan la vida pensando son como los que han vivido en ese país. Sólo ellos saben con exactitud de lo que hablan, conocen bien la situación real con todas sus conexiones y, en ese tema, se encuentran como en su propia casa.

* * *

El filósofo común que saca sus ideas de los libros es a un pensador personal lo que un historiador a un testigo ocular; este último ha tenido una visión personal, directa, de las cosas. Así pues, todos los que piensan por sí mismos están, en el fondo, de acuerdo. Su diferencia procede tan sólo del hecho de que observan desde un punto de vista distinto. Cuando éste no modifica nada, dicen todos lo mismo, pues no expresan sino el resultado de una percepción objetiva de las cosas. A veces he encontrado, en grandes escritores de la Antigüedad, para mi agradable sorpresa, ideas contenidas en pasajes de mis obras que yo, dado su carácter paradójico, tan sólo después de muchos titubeos, presentaba al público.

El filósofo libresco registra lo que uno ha dicho, lo que otro interpretó, las reservas de un tercero. Compara todo eso, lo pesa, lo critica y trata de llegar a la verdad de las cosas; en lo cual actúa como un historiador crítico. Investigará, por ejemplo, si Leibnitz en una época, en un momento determinado, fue espinosista y cosas semejantes.

El que sienta curiosidad y afición por estos temas podrá encontrar conspicuos ejemplos de tal procedimiento en *Analytical Eluditation* de Herbarts, así como en *Letters of Freedom* del mismo autor. Causa asombro que un escritor de esta categoría se tome un trabajo tan considerable para alcanzar un fin, al que hubiera llegado rápidamente mediante un poco de reflexión personal y el examen directo de las cosas.

Únicamente surge en este camino una pequeña dificultad: hacer eso no depende de nuestra voluntad. Puede uno siempre sentarse y leer pero no... pensar.

Con los pensamientos sucede como con las personas: no podemos convocarlas siempre a nuestra voluntad; es preciso esperar a que vengan. La reflexión sobre un asunto tiene que presentarse por sí misma mediante la combinación feliz y armoniosa entre la ocasión exterior y la disposición y estímulo de la mente. Y eso es, precisamente, lo que no parece constituir el patrimonio de tales espíritus, y esto encuentra también su explicación hasta en los pensamientos relativos a nuestros intereses personales. Cuando es necesario tomar una resolución en temas de este género, no podemos, exactamente en un momento elegido a nuestro gusto, sentarnos, sopesar las razones y decidir. Con frecuencia, nuestra reflexión, rehuyendo, en ese preciso momento, fijarse en ese tema, se desliza hacia otros asuntos, y la causa de ello es, algunas veces, la aversión hacia el asunto mismo. En tales casos no debemos forzar nada, sino esperar a que la apropiada disposición mental, por sí misma, llegue. Con frecuencia viene de una manera inesperada y retorna una y otra vez, y la diferente disposición con que, en distintos momentos, la afrontamos, proyecta siempre nueva luz sobre el asunto. Este lento proceso es lo que se entiende por *madurar las resoluciones*.

La tarea habrá de ser repartida. Algo que, al principio, pasó casi inadvertido, sorprende nuestra atención y desaparece la aversión, pues, como sucede con frecuencia, las cosas vistas más de cerca nos parecen más soportables. Incluso en cosas teóricas hay que esperar el buen momento; y el mejor cerebro no está siempre en estado de pensar. En ese caso hará bien en emplear su tiempo en la lectura, que es, como hemos señalado, un sucedáneo del pensar personal y da alimento al espíritu con lo que otros piensan, aunque de una manera que no es la nuestra.

No hay que leer, pues, en demasía para que el espíritu no se habitúe al sucedáneo y, con ello, olvide la realidad misma; es decir, que no se acostumbre a los senderos trillados y, por seguir el pensamiento ajeno, se aparte del suyo propio.

Más que nada, ha de evitarse que, a causa de la lectura, perdamos por completo de vista el mundo de la realidad, pues la ocasión para pensar por sí mismo y la interna disposición para ello las crea infinitamente más a menudo el mundo real que el de los libros. Lo visible y lo real, en su fuerza como elemento primario de la existencia, es el objeto natural del espíritu pensante y es lo que más le puede conmover de un modo profundo.

Después de estas consideraciones, no nos sorprenderá si el que piensa por sí mismo y el intelectual libresco se distinguen fácilmente por su manera de expresarse. Aquél se reconoce por la seriedad, originalidad, forma directa, convicción personal de todos sus pensamientos y expresiones.

En éste, en cambio, se ve que todo es de segunda mano, desvaído y obtuso, ideas transmitidas, trastos usados, la copia de una copia. Su estilo, a base de frases convencionales y banales, de términos a la orden del día, es comparable a un pequeño estado cuya circulación monetaria consista únicamente en monedas extranjeras porque no ha acuñado la suya propia.

* * *

La simple experiencia no puede tampoco reemplazar al pensar mejor que la lectura. El puro empirismo es, respecto al pensamiento, lo que el comer respecto a la digestión y la asimilación. Cuando la experiencia se vanagloria de que ella sola, con sus descubrimientos, ha hecho progresar al género humano, es como si la boca pretendiera que el bienestar del cuerpo depende sólo de ella.

* * *

Las obras de todas las mentes realmente bien dotadas se distinguen de las otras por un carácter de seguridad y determinación, lo cual implica claridad y transparencia, pues esas mentes siempre saben, de una manera definida y clara, lo que quieren expresar, ya sea que usen como medio prosa, verso o música. Esa determinación y claridad falta a los otros, lo que hace que se les reconozca prontamente por lo que son y valen.

La señal característica de todo espíritu de nivel superior es que sus juicios son siempre de primera mano. Todo lo que anticipan es el resultado de su propio pensar y se manifiesta de modo evidente en la manera misma de expresar sus pensamientos. Poseen, como los príncipes, un poder directo en el reino del espíritu; los demás tienen una autoridad delegada, lo cual puede verse en su estilo que no tiene sello propio.

Así pues, el que realmente piensa por sí mismo es como un monarca: es soberano y no reconoce a nadie por encima de él. Sus juicios, como reales decretos, emanan de su poder supremo y proceden directamente de él. No acepta autoridades, al igual que un monarca no acepta órdenes, y sólo admite lo que él mismo ha sancionado. La multitud de mentes comunes, en cambio, atrapadas en toda suerte de opiniones corrientes, autoridades y prejuicios, son como pueblo que silenciosamente obedece las leyes y acepta las órdenes que vienen de lo alto.

* * *

Las gentes ansiosas y apresuradas en decidir cuestiones en litigio invocando autoridades, se sienten realmen-

ARTHUR SCHOPENHAUER

te aliviadas cuando pueden sustituir la inteligencia e intuición propias, de que carecen, con las de otros. Su número es legión. Porque, como dice Séneca: *unusquisque mavult credere, quam judicare* (cualquiera quiere mejor creer que juzgar por sí mismo, *De Vita beata,* I, 4). Por eso, en sus controversias, el arma común que han elegido es la invocación de autoridades. Se baten entre sí a golpes de autoridad.

Si a alguien le sucede encontrarse en medio de una controversia de este tipo, no conseguirá nada si pretende defenderse con razones y argumentos; contra tales armas ellos son Sigfridos invulnerables, sumergidos en la ola de la incapacidad de pensar y juzgar: alzarán sus autoridades como un *argumentum ad verecundiam* (un válido argumento de prueba basado en el respeto) y clamarán victoria.

* * *

En el mundo de las realidades físicas, por muy bello, feliz y atractivo que sea, vivimos siempre sujetos a la ley de la gravedad que constantemente tenemos que superar; pero en el mundo del pensamiento somos espíritus incorpóreos sin gravedad ni presiones. Y no existe felicidad mayor en la tierra que la que un espíritu distinguido y fecundo encuentra en sí mismo en las horas propicias.

* * *

La presencia de un pensamiento es como la presencia de una mujer amada. Juramos que nunca olvidaremos este pensamiento y que la mujer amada nunca nos podrá ser indiferente. Pero... lejos de la vista, lejos del corazón. El más bello pensamiento corre el riesgo de ser inevitablemente olvidado si no lo anotamos, y la persona amada nos abandonará si no la hacemos nuestra esposa.

* * *

Hay multitud de pensamientos que tienen valor para quien los piensa, pero pocos, entre ellos, tienen garra suficiente para producir en los demás repercusión o reflejo, es decir, para, después que han sido escritos, ganar el interés vivo del lector.

* * *

Verdadero valor sólo tiene lo que uno ha pensado, ante todo, *para sí mismo.* Pudieran dividirse los pensadores en dos clases: los que piensan básicamente para sí y los que piensan *para los demás.* Los primeros son los auténticos, los pensadores personales en el doble sentido de la expresión, los verdaderos *filósofos.* Sólo ellos van al fondo de las cosas. El gozo y felicidad de su existencia consiste precisamente en pensar.

Los otros son *sofistas,* quieren brillar y buscan su fortuna en lo que así esperan conseguir de los demás. Sólo eso toman en serio. A cuál de las dos clases pertenece un hombre, su estilo y su manera lo revelan muy pronto. Lichtenberg es un ejemplo de la primera clase; Herder pertenece ya a la segunda.

* * *

Cuando se considera lo vasto y tan íntimo a nosotros que es el *problema de la existencia* —de esa existencia nuestra, equívoca, torturada, fugitiva, semejante a un sueño—, tan vasta y tan inmediata a nosotros que, apenas la descubrimos, los demás problemas y objetivos quedan en la sombra y como ocultos; cuando se comprueba que todos los seres humanos —aparte pocas y raras excepciones— no se dan clara cuenta del problema, más aún, no parecen percibir que existe y se cuidan de todo, excepto de sí mismos, y se ocupan no más que del día presente y de la duración, no mucho más larga, de su porvenir personal, descartando expresamente el problema o soslayándolo mediante algún sistema de metafísica popular con el cual se contentan; cuando se considera esto, tiene uno derecho a llegar a la conclusión de que el hombre, tan sólo en un amplio sentido, puede ser clasificado *ser pensante;* y no resultará sorprendente ningún gesto de irreflexión o necedad; y más bien se reconocerá que el horizonte intelectual del hombre normal sobrepasa indudablemente al del animal —cuya existencia entera, no consciente del pasado ni del porvenir, es, de algún modo, un simple presente—, pero no a una distancia tan inconmensurable como generalmente se suele admitir.

Tal es la razón, por la cual los pensamientos de la mayoría de los hombres, cuando conversan, aparecen troceados, como desmenuzados, sin que se vea un hilo conductor demasiado largo.

Si el mundo estuviera poblado por verdaderos seres pensantes, no sería posible esa tolerancia ilimitada para los ruidos de toda especie, incluso para los más horribles y sin justificación alguna. Si, en efecto, la naturaleza hubiera destinado al hombre a pensar, no le hubiera dado las orejas o, al menos, tendría unas con herméticas solapas de cierre, como los murciélagos, a los que yo envidio por poseer este atributo. Pero, en realidad, el hombre es un pobre animal, semejante a los otros, cuyas fuerzas han sido calculadas mirando al fin de mantener su existencia. Por eso necesita tener siempre libres los oídos que le anuncian, de día y de noche, la aproximación del enemigo.

Pensar y leer

———

LA ignorancia no degrada al hombre más que cuando va acompañada de la riqueza. El pobre está limitado por la necesidad y la penuria. El trabajo ocupa sus pensamientos y reemplaza al saber. En cambio, los ricos que son ignorantes viven únicamente para sus placeres y se asemejan a las bestias: es algo que vemos cada día. Se les puede, además, reprochar que no han empleado su riqueza y su tiempo libre para lo que confiere a éstos el más alto valor.

* * *

Cuando leemos, otro piensa por nosotros; repetimos simplemente su proceso mental. Algo así como el alumno que está aprendiendo a escribir y con la pluma copia los caracteres que el maestro ha diseñado antes con lápiz. La lectura nos libera, en buena parte, del trabajo de pensar. Por eso, sentimos un gran alivio cuando dejamos la ocupación con nuestros propios pensamientos para entregarnos a la lectura. Mientras estamos leyendo, nuestra cabeza es, en realidad, un campo de juego de pensamientos ajenos. Y cuando éstos se retiran, ¿qué es lo que queda? Por esta razón, sucede que quien lee mucho y durante casi todo el día, y en los intervalos se ocupa en actividades que no requieren reflexión, gradualmente pierde la capacidad de pensar por sí mismo —como el individuo que va siempre a caballo se olvida de caminar—. Tal es el caso de muchas personas muy cultas. Acaban siendo incultas de tanto leer.

La constante lectura, que se retoma en cada momento que tenemos libre, paraliza al espíritu más que el trabajo manual continuo, pues, en éste, puede uno dedicarse a sus propios pensamientos. Un muelle, bajo la presión continuada de un cuerpo extraño, acaba perdiendo elasticidad, y el espíritu pierde la suya bajo la imposición constante de pensamientos ajenos. Como el exceso de alimento echa a perder el estómago y daña a todo el organismo, se puede también sobrecargar y sofocar el espíritu por exceso de alimento intelectual. Cuanto más se lee, menos huellas quedan en la mente de lo que se ha leído: la mente es un tablero en el que hay escritas muchas cosas, unas sobre otras. Así no se llega a rumiar *, y tan sólo rumiando se asimila lo que se ha leído; del mismo modo que los alimentos nos nutren, no porque los comemos, sino porque los digerimos. Si se lee de continuo, sin pensar después en ello, las cosas leídas no echan raíces y se pierden en gran medida. El proceso de alimentación mental no es distinto del corporal: apenas se asimila la

---

* El raudal intenso y continuo de nuevas cosas leídas sirve para acelerar el olvido de lo que antes se leyó.

quincuagésima parte de lo que se absorbe. El resto se elimina por evaporación, respiración, etcétera.

A esto hay que añadir que los pensamientos depositados en el papel no son más que las huellas de un caminante sobre la arena: podemos ver la ruta que siguió, pero, para saber lo que vio en su camino, tendremos que usar nuestros propios ojos.

* * *

Leyendo libros no podemos adquirir de los escritores sus cualidades literarias como, por ejemplo, fuerza de persuasión, riqueza de imágenes, don de hacer comparaciones, audacia, amargura, gracia o ligereza de estilo, agudeza, contrastes sorprendentes, modo lacónico o ingenuo, etc. Pero si estamos dotados de estas cualidades, es decir, si las poseemos *in potentia,* podremos sacarlas a la luz y llevarlas a la consciencia, podremos aprender a usarlas, se verá fortalecida la inclinación a emplearlas y el valor para hacerlo en realidad, podemos con ejemplos juzgar el efecto de su empleo y aprender así el uso correcto del mismo. Solamente después de esto poseeremos estas cualidades también *in actu.* Ésta es la única manera de que la lectura forme al escritor, enseñándole el uso que puede hacer de los propios dones naturales; pero siempre presuponiendo la existencia de los mismos. Sin estos dones, tan sólo asimilaremos con la lectura formas frías y muertas y no seremos más que simples imitadores.

* * *

Las autoridades sanitarias deberían, en interés de los ojos, cuidar que la pequeñez de la letra impresa tenga un mínimo que no pueda ser traspasado. (Cuando yo estaba en Venecia en 1818, época en que se fabricaban todavía las auténticas cadenas venecianas, me dijo un orfebre que los que hacían *catena fina* a los 30 años quedaban ciegos.)

* * *

Como las capas de la tierra nos muestran los seres vivientes de épocas pasadas en estratos sucesivos, los anaqueles de las bibliotecas nos muestran también, como en estratos, los errores del pasado y cómo se manifestaron. Como aquellos seres vivientes, en su tiempo estaban llenos de vida y hacían gran ruido; pero ahora yacen rígidos y petrificados, y tan sólo el paleontólogo literario los contempla.

* * *

Jerjes, según Herodoto, contemplando su inmenso ejército lloró, al pensar que, de todos aquellos guerreros, en cien años ni uno solo quedaría con vida. ¡Quién no lloraría también, al ver los gruesos catálogos de libros recién publicados, si piensa que, en diez años, de ninguno de estos libros se hablará!

* * *

En literatura es lo mismo que en la vida; dondequiera que vayamos aparece esa incorregible gente ramplona que surge por todas partes en legión, todo lo llena y todo lo mancha, como las moscas en verano. De ahí, la innumerable cantidad de malos libros, esa parásita mala hierba de la literatura que chupa la sabia al trigo y lo sofoca. De hecho, acaparan el tiempo, el dinero y la atención del público, cosas que, por derecho, pertenecen a los buenos libros y a sus nobles fines, mientras aquéllos están escritos con la intención única de conseguir dinero o alcanzar un puesto. No solamente son inútiles sino positivamente dañosos. Nueve décimas partes de toda nuestra literatura actual no tiene otra finalidad que sacar algún dinero del bolsillo del público. Autores, editores y críticos están coaligados a este fin.

Una jugada pícara y mala, pero rentable, es la de esos escribidores, plumas en busca de pan, rellenadores de cuartillas, que han logrado, contra el buen gusto y la verdadera cultura de la época, arrastrar de una traílla a todo el *mundo elegante* y amaestrarlo para que lea *a tempo,* es decir, siempre lo mismo, siempre la última novedad y, con ello, tener en sus círculos sociales materia de conversación. Logran este objetivo novelas malas y producciones análogas debidas a plumas en su tiempo con renombre como Spindler, Bulwer, Eugenio Sue y otros. Pero qué suerte más miserable la de un público literario que se cree obligado a leer siempre las últimas producciones de cerebros bien vulgares que no escriben más que por dinero y, por consiguiente, siempre los hay en abundancia.

En cambio, las obras de los raros espíritus superiores de todos los tiempos y países sólo las conocen de nombre. De modo especial, las publicaciones literarias periódicas son un medio, particularmente hábil, de robar, al público que se interesa por la estética, el tiempo que · debería emplear en la lectura de las obras auténticas del género, por bien de la propia educación; en lugar de dedicarlo a las cotidianas chapucerías de cabezas vulgares.

Como la gente, en lugar de leer lo mejor de todos los tiempos, lee siempre únicamente lo *más nuevo,* los escritores se quedan en el círculo restringido de las ideas en circulación y la época se hunde, cada vez más hacia abajo, en el propio fango.

Por consiguiente, en relación con nuestro tema, el arte de *No* leer es de los más importantes. Consiste en no tomar en la mano un libro meramente porque, en el momento, ocupa al gran público como, por ejemplo, los panfletos políticos o religiosos, las novelas, poesías, etc., que hacen gran ruido y hasta logran muchas ediciones en su primer y último año de existencia. Hay que recordar que el que escribe para necios encuentra siempre una numerosa audiencia; y debemos dedicar el escaso tiempo empleado en la lectura exclusivamente a las obras de los más grandes espíritus de todos los tiempos y todos los pueblos que la voz de la fama designa como tales y que se elevan por encima del resto de la humanidad. Sólo éstos forman e instruyen realmente. Nunca se lee demasiado la buena literatura y nunca demasiado poco la mala. Los malos libros son veneno intelectual: destruyen el espíritu.

Para leer lo bueno existe una condición: no leer lo malo; pues la vida es corta y el tiempo y las fuerzas limitados.

* * *

Se escriben libros sobre éste o aquel gran espíritu del pasado y el público los lee; pero no lee las obras que ellos escribieron. Tan sólo quiere leer lo que está recién impreso y, como *similis simili gaudet* (lo semejante busca lo semejante, *Odisea*, XVIII, 218), la palabrería insustancial y poco profunda de una cabeza mediocre de nuestros días le resulta algo más afín y más placentero que los pensamientos de un espíritu grande. Por mi parte, doy gracias al destino que me hizo conocer, cuando todavía era joven, un bello epigrama *(Estudio de la Antigüedad)* de A. Q. Schlegel que, desde entonces, ha sido mi estrella polar:

Leset fleissig die Alten, die wahren eigentlich alten:
Was die Neuen davon sagen, bedeutet nicht viel.

(Leed con ahínco a los antiguos, a los verdaderos, auténticos antiguos: lo que dicen los modernos no significa mucho.)

(Musenalmanach, 1802, p. 62)

¡Oh! ¡Cómo una cabeza ordinaria se parece a otra! ¡Como si todas hubiesen sido vaciadas en el mismo molde! ¡Siempre se les ocurre en la misma ocasión la misma cosa y ninguna otra! A esto se añade sus mezquinas metas personales. Y la charlatanería hueca de tales sujetos es leída por un público necio, con tal de que sea lo último que ha salido de las imprentas, y deja que los grandes espíritus duerman en las estanterías de las bibliotecas.

Es increíble la estupidez y absurdidad de un público que se desentiende de la lectura de los más nobles, los más excepcionales espíritus de todos los tiempos y todos los países, en cada uno de los campos, para leer las elucubraciones cotidianas de cerebros mediocres que irrumpen cada año en inmensas cantidades como las moscas; simplemente porque se acaban de imprimir hoy, todavía húmeda la letra de la imprenta. Más bien, estas producciones deberían ser abandonadas y despreciadas en el mismo día de su nacimiento, como lo serán dentro de pocos años, y entonces para siempre: simple materia para reírse de épocas pasadas y de sus majaderías.

* * *

Existen en todos los tiempos dos literaturas que caminan una junto a la otra, pero como extrañas entre sí: una auténtica y otra que sólo lo es en apariencia. La primera se convertirá en *literatura permanente*. Cultivada por gentes que viven para la ciencia o para la poesía, camina con paso serio y tranquilo, pero excesivamente lento, y produce, por siglo, en Europa, apenas una docena de obras; pero éstas *permanecen*. La otra, cultivada por gentes que viven de la ciencia y de la poesía, va al galope, con gran ruido y griterío de sus partidarios y cada año lanza al mercado miles de obras. Pero después de un tiempo, uno se pregunta: ¿dónde están?, ¿qué ha sido de esa gloria que llegó tan rápida y ruidosa? De esta última literatura se puede decir que pasa, mientras la otra permanece.

* * *

Sería bueno comprar libros si, a la vez, se pudiera comprar el tiempo para leerlos, pero casi siempre se confunde la compra de un libro con la apropiación de su contenido.

Pretender que un individuo retenga todo lo que ha leído es como exigir que lleve consigo todo lo que ha comido. Ha vivido físicamente, en cuanto al cuerpo, de lo que ha comido, y ha vivido espiritualmente de lo que ha leído, y gracias a eso ha llegado a ser lo que es. Lo mismo que el cuerpo asimila tan sólo lo que le es homogéneo, así cada uno *conservará* en sí lo que le *interesa;* es decir, lo que se adapta a su sistema de pensamiento o a sus fines. Fines, de hecho, los tienen todos, pero algo parecido a un sistema de pensamiento lo tienen pocos; por eso, nada despierta en ellos un interés objetivo y, por eso, no queda nada tras la lectura: no retienen nada.

Repetitio est mater studiorum. Todo libro importante debe ser leído enseguida dos veces, en parte, porque la segunda vez se captan mejor las cosas en su concatenación y tan sólo se entiende bien el principio después de haber conocido el final; en parte, porque, en cada pasaje, la segunda vez nos encontramos en un estado de ánimo diverso, respecto a la primera, y, por ello, tenemos una distinta impresión, como cuando vemos, bajo otra luz, un objeto.

Las *obras* son la *quintaesencia* de un espíritu; por este motivo, ellas, aunque se trate del espíritu más alto, serán sin parangón más ricas de contenido que su trato y lo sustituyen en lo esencial, sí, lo superarán con gran ventaja y lo dejarán atrás. Hasta los escritos de cabezas mediocres pueden ser instructivos, dignos de leerse y divertidos, precisamente, porque son su *quintaesencia,* el resultado, el fruto de todo su pensamiento y de todo su estudio, mientras su trato quizá no nos satisfaga. Así pues, se pueden leer libros escritos por personas cuya compañía no nos resulta grata, y así una elevada cultura espiritual nos lleva paulatinamente a encontrar nuestra satisfacción casi exclusivamente en la lectura de libros y no en la conversación con personas.

Nada existe tan reconfortante para el espíritu como la lectura de los antiguos clásicos: apenas hemos tomado uno en las manos, aunque sólo sea durante media hora, enseguida nos sentimos refrescados, aligerados, purificados, con el espíritu más elevado y reforzado; igual que si hubiésemos bebido en un fresco manantial que brota entre las rocas. ¿Se debe esto a las lenguas antiguas y su perfección o a la alta calidad de aquellos espíritus, cuyas obras, intactas y en todo su vigor, perduran a través de milenios? Tal vez a las dos cosas. Pero yo sé que, si como ahora estamos corriendo el peligro, un día se interrumpe la enseñanza de las lenguas antiguas, surgirá entonces una nueva literatura hecha de bárbaros, insulsos e indignos garabateos, como no había existido hasta ahora. Tanto más, cuanto la lengua alemana que, en efecto, posee algunas de las perfecciones de las lenguas antiguas, está siendo dilapidada y maltratada, con ahínco y método, por los indignos escribidores de la época «actual», de modo que, poco a poco, se empobrece y degenera transformándose en una miserable jerga.

Existen *dos historias:* la historia *política* y la de la *literatura* y del arte. La primera es la historia de la *voluntad,* la segunda es la del intelecto. La primera es del todo angustiosa, sí, terrible: angustia, aflicción, engaño y horribles asesinatos en masa. La segunda, en cambio, es pacífica y serena, como lo es el intelecto aislado, aun cuando describa errores. Su rama principal es la historia de la filosofía. En realidad, ésta es su bajo fundamental que se hace sentir también en la otra historia y que así en ella, desde el fundamento, guía la opinión: y esta última domina el mundo. Por eso, es también la filosofía, en el sentido propio y bien entendida, la más fuerte potencia material; actúa, sin embargo, con gran lentitud.

* * *

En la historia universal medio siglo es siempre un periodo de tiempo considerable, pues la trama se desarrolla sin cesar, dado que siempre algo acontece. En cambio, en la historia de la literatura, ese mismo periodo de tiempo muchas veces puede no tenerse en consideración, ya que nada sucede y las tentativas superficiales no tienen relevancia. Nos hallamos, pues, en el mismo punto donde estábamos cincuenta años antes.

Para esclarecer esto, podemos representar los progresos del conocimiento del género humano como la órbita de un planeta. Las falsas rutas, en que la humanidad generalmente entra después de cada progreso importante, son como los epiciclos en el sistema de Tolomeo y, después de haber pasado por cada uno de ellos, el mundo se encuentra de nuevo en el punto donde lo inició.

Pero las grandes mentes que realmente impulsan el avance de la humanidad en su órbita planetaria no acompañan, en cada caso, al respectivo epiciclo. Esto explica por qué la gloria de la posteridad ha de pagarse casi siempre con la pérdida del aplauso de los contemporáneos, y viceversa. Uno de estos epiciclos es, por ejemplo, la filosofía de Fichte y Schelling, después coronada por su caricatura hegeliana. Este epiciclo partía de la línea circular trazada finalmente por Kant hasta el punto en que yo la retomé más tarde para continuarla. Pero, en el intervalo, los seudofilósofos mencionados y algunos otros han recorrido su epiciclo, que acaba de cerrarse, de suerte que el público que los siguió descubre que se encuentra exactamente en el punto de donde partió.

A esto va unido el hecho de que, aproximadamente cada treinta años, vemos que el espíritu científico, literario y artístico de la época se declara en bancarrota. Y es que, en este periodo de tiempo, los respectivos errores se han acumulado de tal manera que se derrumban bajo el peso de su propia absurdidad y la oposición frente a ellos se ha fortalecido. Se efectúa un cambio, con frecuencia, seguido por un error en sentido contrario. Presentar estos movimientos en su retorno periódico debería ser el verdadero objeto pragmático de la historia de la literatura; pero apenas se ocupa de esto. Por otra parte, dada la relativa brevedad de tales periodos, muchas veces es difícil recoger datos correspondientes a épocas lejanas y resulta más asequible observar la situación en la propia generación.

Si necesitamos un ejemplo, a este respecto, en las ciencias positivas, podemos fijarnos en la *Geología de Neptuno* de Werner. Pero me atendré al ejemplo antes citado como el más cercano a nosotros. En la filosofía alemana, al periodo de esplendor de Kant siguió inmediatamente otro en el que se trató, en lugar de convencer, de impresionar; en lugar de ser precisos y claros, de ser brillantes e hiperbólicos, pero, sobre todo, incomprensibles e, incluso, en lugar de buscar la verdad, de intrigar.

En estas condiciones, no podía la filosofía hacer progresos. Finalmente, llegó la bancarrota de toda esta escuela y de este método. Y es que, en Hegel y sus colegas, la insolencia de esta absurda farándula, por un lado, y la glorificación mutua sin escrúpulos, por otro, junto al evidente objetivo de toda su bella tarea, había alcanzado tan colosales proporciones que, finalmente, todos tuvieron que abrir los ojos ante esa charlatanería y cuando, a causa de ciertas revelaciones, desapareció la cobertura desde los altos niveles, abrieron también la boca. Esta filosofistería, la más miserable de todas las que han existido, arrastró consigo al barranco del descrédito a sus antecedentes, los sistemas de Fichte y Schelling. De aquí, la total incompetencia filosófica en Alemania de la primera mitad del siglo posterior a Kant; en tanto que, ante el extranjero, se hacía alarde del talento filosófico de los alemanes. Sobre todo, desde que un escritor inglés usó la maliciosa ironía de llamarlos un pueblo de pensadores.

Quienes deseen confirmar el esquema general de los epiciclos aquí expuesto con ejemplos de la historia del arte tienen tan sólo que fijarse en la escuela de escultura de Bernini que todavía en el siglo pasado floreció, especialmente en su desarrollo ulterior francés. El ideal de esta escuela no era la belleza clásica sino la naturaleza vulgar y, en lugar de la simplicidad y gracia del arte antiguo, representaba las maneras del minué francés. Su prestigio se hundió cuando, tras las críticas de Winckelmann, se impuso el retorno a la escuela de los maestros antiguos.

ARTHUR SCHOPENHAUER

La historia de la pintura nos ofrece una ilustración en el primer cuarto de este siglo. El arte se consideraba como simple medio o simple instrumento de una religiosidad medieval, y los temas religiosos eran, en consecuencia, su tema único. Pero estos temas eran tratados por pintores que carecían de la verdadera seriedad de la fe y que, no obstante, en su delirio, tomaban como modelos a Francesco Francia, Pietro Perugino, Angelo da Fiesole y otros de esa línea y los tenían en más alta estima que a los verdaderos grandes maestros que siguieron.

Esta desorientación, que se había hecho sentir al mismo tiempo en poesía, inspiró a Goethe su parábola *Pfaffenspiel*. Después se reconoció también que esta escuela se asentaba en fantasías, fracasó y, tras ella, vino el retorno a la naturaleza, que se manifiesta en cuadros de género y toda clase de escenas de la vida, aunque perdiéndose a veces también en lo vulgar.

Correspondiendo a ese desarrollo del progreso humano, es la *historia de la literatura,* en su mayor parte, el catálogo de un museo de deformidades. Donde más largo tiempo se conservan es en alcohol en piel de cerdo.

En cambio, no hay que buscar allí a las raras criaturas bien formadas; éstas permanecen vivas y se las encuentra en cualquier lugar del mundo donde circulan como inmortales, eternamente en fresca juventud. Sólo ellas constituyen lo que he designado VERDADERA literatura en el apartado anterior. Su historia, pobre en personalidades, la hemos aprendido, desde nuestros primeros años, de labios de todas las personas cultas, no de los manuales. Contra la monomanía, hoy reinante, de leer historia literaria para poder hablar de todo, sin conocer realmente nada, recomiendo un pasaje de Lichtenberg, muy digno de ser leído, vol. II, p. 32 de la antigua edición *.

Me gustaría ver que alguien escriba alguna vez una HISTORIA TRÁGICA DE LA LITERATURA en la que mostrara cómo las varias naciones, cada una de las cua-

---

* El pasaje de Lichtenberg, a que hace referencia el autor es el siguiente:

«Creo que, en nuestros días, se trata la historia de las ciencias de una manera demasiado minuciosa, con gran desventaja de la ciencia misma. Se leen con placer estas historias, pero, sin dejar la cabeza positivamente vacía, en realidad, no le aportan fuerza real, precisamente porque la llenan demasiado.

»Quien haya sentido alguna vez el deseo, no de llenar su cabeza, sino de fortalecerla, de desarrollar sus facultades y aptitudes, de ampliar su capacidad, habrá encontrado que no hay nada tan debilitante como una conversación con un intelectual sobre una materia de ciencia que él mismo no ha profundizado pero, a propósito de la cual, conoce mil pequeños hechos histórico-literarios. Es como si se leyese un extracto de un libro de cocina a un individuo con mucha hambre. Creo también que lo que se llama historia literaria no tendrá jamás éxito entre los hombres reflexivos, conscientes de su valor y del de la ciencia propiamente dicha. Estos hombres se dedican más a razonar que a ocuparse de saber cómo han razonado los demás. Lo más triste de este tema es constatar que, a medida que aumenta el gusto por las investigaciones literarias en una ciencia, la potencia de expansión de esta ciencia disminuye; lo único que aumenta es el orgullo de la posesión de esta ciencia. Tales gentes se imaginan poseer más a fondo esta ciencia que aquellos que realmente la poseen. Se ha dicho con toda razón que la verdadera ciencia no hace jamás orgulloso a quien la posee. Tan sólo se dejan llevar por el orgullo aquellos que, siendo incapaces de aportar avances a la ciencia misma, se ocupan en esclarecer sus puntos oscuros o en repetir lo que otros han hecho. Y es que piensan que esta ocupación, en gran parte mecánica, es el ejercicio de la ciencia misma. Podría ilustrar esto con ejemplos, pero ello sería una odiosa tarea», *Vermischte Schriften*, Gotinga, 1801. *(N. del T.)*

les pone su más alto orgullo en los grandes escritores y artistas que puede presentar al mundo, trataron a éstos durante su vida; pondría en ella ante nuestros ojos esa lucha sin fin que lo bueno y auténtico, en todos los tiempos y en todos los países, ha tenido que librar contra todo lo absurdo y falso, que era lo predominante en cada momento; que exponga el martirio de casi todas las verdaderas lumbreras de la humanidad, de casi todos los grandes maestros en cada arte y disciplina; nos mostraría cómo ellos, con pocas excepciones, sufrieron en la pobreza y la miseria, sin reconocimiento ni aprecio, sin seguidores, mientras honores, gloria y riqueza eran patrimonio de los indignos. Su suerte era la misma de Esaú, a quien, mientras cazaba para llevar comida a su padre, Jacob, revestido con las ropas de él, le robaba, en el hogar, la bendición del padre; cómo, a pesar de todo, el amor a su causa sostuvo a estos educadores de la humanidad hasta que, al final de la dura lucha, el laurel inmortal les fue otorgado y sonó la hora en que de ellos pudo decirse:

> *Der schwere Panzer wird zum Flügelkleide,*
> *Kurz ist der Schmerz, und ewig ist die Freude.*

> (La pesada coraza se convierte en alas,
> breve es el dolor y eterno el gozo.)

> (Schiller, *La doncella de Orleans,* últimos versos)

El lenguaje y las palabras

L A voz de los animales sirve únicamente para expresar la *voluntad* en sus excitaciones y movimientos; en cambio, la voz humana sirve para expresar también el *conocimiento*. A esto se debe que la voz de los animales, si se exceptúan algunas voces de pájaros, provocan casi siempre en nosotros una impresión desagradable. En el origen del leguaje humano se encuentran, ciertamente, las interjecciones que no expresan ideas, sino, como los sonidos de los animales, sentimientos, movimientos de la voluntad. Pronto se deslindaron sus diversas especies, y de esta diversidad se efectuó la transición a sustantivos, verbos, pronombres personales, etcétera.

La palabra del ser humano es el material más durable. Cuando un poeta ha encarnado su más fugitiva impresión en palabras que le son exactamente apropiadas, en ellas vivirá durante muchos siglos y se renueva en cada lector que tiene acceso a ellas.

* * *

Es sabido que las lenguas, particularmente en lo referente a la gramática, son tanto más perfectas cuanto más antiguas, y se van deteriorando siempre gradualmente, desde el elevado sánscrito hasta la jerga inglesa, ese vestido del pensamiento hecho con jirones de tela heterogénea. Esta degradación que se efectúa poco a poco es un argumento de peso contra las teorías tan predilectas de nuestros insípidos y sonrientes optimistas sobre «el constante progreso de la humanidad hacia lo mejor», en apoyo de las cuales quisieran invertir la deplorable historia de la especie bípeda. Pero se trata de un problema difícil de resolver.

No podemos menos de pensar que la primera raza humana, salida de algún modo del seno de la naturaleza, se encontraba en un estado de completa e infantil ignorancia y, por consiguiente, ruda y desguarnecida. ¿Cómo tal especie ha podido imaginar estas construcciones lingüísticas de un arte tan acabado, estas formas gramaticales tan complejas y variadas, aun admitiendo que el patrimonio del léxico de la lengua se haya ido acumulando gradualmente? Por otra parte, vemos que los descendientes permanecen fieles a la lengua de sus antepasados y tan sólo introducen algunos cambios con muy lenta parsimonia. Pero la experiencia no enseña que, en el suceder de las generaciones, las lenguas se perfeccionen desde el punto de vista gramatical. Sucede, como hemos dicho, exactamente lo contrario. Se convierten, de hecho, siempre en más simples y menos perfectas. ¿Debemos, a pesar de esto, suponer que la vida del lenguaje es semejante a la de una planta, la cual, nacida de un simple germen, un retoño insignificante, se desarrolla poco a poco, alcanza su punto culminante y, a partir de ese momento, decae de nuevo, envejeciendo lentamente; y nosotros tenemos conocimiento solamente de esta decadencia pero no del crecimiento anterior? Una hipótesis puramente simbólica y, además, del todo arbitraria. Una metáfora, no una explicación.

Para acudir a una hipótesis, la más plausible me parece admitir que el hombre descubrió *instintivamente* el lenguaje en cuanto hay en él un instinto original que crea, sin reflexión y sin intención consciente, el instrumento y el órgano indispensables para el uso de su razón. Y este instinto se pierde gradualmente, en el correr de las generaciones, cuando al existir el lenguaje no tiene ya aplicación. Todas las obras producidas por el solo instinto, como las construcciones de la abejas, de las avispas, de los castores, los nidos de los pájaros, con sus formas tan variadas y siempre conformes a su objetivo, etc., tienen una perfección que les es particular, en cuanto responden exactamente a las exigencias de su objetivo y, por eso, admiramos la profunda sabiduría que revelan —lo mismo debe decirse del primer lenguaje originario: tenía la alta perfección de todas las obras del instinto—. Estudiar esta perfección, para llevarla a la luz de la reflexión y de la clara conciencia, es la obra de la gramática, que surgió tan sólo milenios más tarde.

* * *

El aprender otros idiomas es no solamente un medio indirecto sino también directo, profundamente eficiente, de educación. De ahí la frase de Carlos V: «Uno es tantas veces hombre cuantas lenguas habla» *(Quot linguas quis callet, tot homines valet)*.

Esto se funda en lo siguiente:

No para toda palabra de una lengua se encuentra en todas las otras la palabra exactamente equivalente. Y no todos los conceptos expresados mediante las palabras de una lengua son exactamente los mismos que los expresados por las palabras de otra. Esto sucede en la mayor parte de los casos, a veces de una manera llamativamente precisa, como, por ejemplo, σύλληψις y *conceptio, Schneider y tailleur.* Pero frecuentemente se trata de conceptos tan sólo semejantes y emparentados, aunque distintos por alguna modificación cualquiera. Con el fin de poner en claro lo que pretendo, pueden servir de momento los ejemplos siguientes:

ἀπαίδευτος, *rudis,* roh.
ὁρμή, *impetus,* Andrang.
μηχανή, Mittel, *medium.*
seccatore, Quälgeist, *importun.*
ingénieux, sinnreich, *clever.*
Geist, *esprit,* wit.
Witzig, *facetus, plaisant.*
Malice, Bosheit, *wickedness.*

A estos ejemplos se podría añadir infinidad de otros, sin duda todavía más apropiados. Simbolizando, como es común en lógica, los conceptos por círculos, se podría expresar esta cuasi-identidad con círculos que casi se cubren unos a otros pero no son del todo concéntricos, como éstos:

A veces en un idioma falta la palabra para un concepto, palabra que se encuentra en todos o en casi todos los otros idiomas. Un ejemplo de esto, altamente escandaloso, lo ofrece, en lengua francesa, la inexistencia del verbo «estar». Para ciertos conceptos, por otra parte, existe solamente en una lengua una palabra que inmediatamente pasa a otras lenguas: así la palabra latina «Affekt», la palabra francesa «naiv», las palabras inglesas *comfortable, disappointment, gentleman* y muchas otras.

En ocasiones también una lengua extranjera expresa un concepto con un matiz que nuestra propia lengua no le confiere y con ese matiz lo pensamos desde ahora. En tal caso, todo el que busca la expresión exacta de su pensamiento empleará la palabra extranjera sin preocuparse de los gritos de puristas pedantes. En todos los casos en que, en una lengua, el mismo concepto no viene exactamente designado por una palabra determinada como en la otra lengua, el diccionario traduce ésta por varias expresiones emparentadas, todas las cuales designan su significado no concéntricamente sino en diversas direcciones como en la figura precedente, y con ello se designan los confines entre los cuales se encuentra el concepto. Así, por ejemplo, la palabra latina *honestum* se parafrasea en alemán por «wohlanständig, ehrenwert, ehrenvoll, ansehn-

71

lich, tugenhaft», etc., y la palabra griega σώφρων, de manera análoga *.

He aquí por qué todas las traducciones son necesariamente imperfectas. Casi nunca se puede hacer la traducción de un periodo característico, expresivo y significativo, de una lengua a otra, de manera que produzca absolutamente el mismo efecto.

En cuanto a la *poesía,* es imposible *traducirla;* se puede intentar una readaptación poética, lo cual es siempre una empresa bastante dudosa. Incluso en simple prosa, la mejor traducción será, a lo sumo, respecto al original, lo que es, respecto a una pieza musical, la transposición de la misma a otra tonalidad. Los que entienden de música saben qué significan semejantes transposiciones.

Por eso, permanece toda traducción obra muerta y su estilo forzado, rígido, falto de naturalidad; o es una traducción libre, es decir, se contenta con un *à peu près* y, por tanto, es falsa. Una biblioteca de traducciones es semejante a una galería de cuadros que no son más que copias. Y las traducciones de los escritores de la Antigüedad son un sucedáneo de los mismos como el café de achicoria lo es del verdadero café.

Por consiguiente, la dificultad en el aprendizaje de una lengua consiste, fundamentalmente, en aprender un concepto para el cual esa lengua tiene una palabra, cuando nuestra propia lengua no posee una exactamente correspondiente, como ocurre con frecuencia. Se debe, por consiguiente, cuando se estudia un idioma extranjero, trazar en la pro-

---

* La palabra griega σωφροσύνη no tiene un equivalente exacto en ninguna otra lengua.

pia mente algunas esferas de conceptos del todo nuevas; así nacen esferas de conceptos que antes no teníamos. No aprendemos, por estas razones, solamente palabras, sino que adquirimos también nuevos conceptos.

Esto sucede, sobre todo, en el aprendizaje de las lenguas antiguas. El modo de expresión de los antiguos difiere, de hecho, del nuestro mucho más de lo que difieren entre sí las lenguas modernas. Esto se constata cuando, al traducir el latín, hay que recurrir a locuciones bien diversas de las del original. Así, nos vemos obligados, en la mayor parte de los casos, a refundir y transvasar completamente el pensamiento del que se ha de dar la versión en latín, descomponiéndolo en sus partes últimas y después recomponiéndolo. En esto consiste el gran provecho que el estudio de las lenguas antiguas aporta al espíritu.

Solamente cuando hemos comprendido de modo exacto todos los conceptos que la lengua que se está estudiando designa con cada palabra; y solamente cuando llegamos a pensar, con cada palabra de esa lengua, directamente y con precisión, el concepto correspondiente, y sin traducir la palabra a otra de la lengua materna ni, por tanto, al concepto por ella designado, concepto que no siempre corresponde al primero con precisión —y esto se aplica también a frases enteras—, tan sólo entonces hemos captado el *espíritu* de la lengua que se quiere aprender y habremos dado así un gran paso en el conocimiento de la nación que la habla, pues la lengua es al espíritu de una nación lo que el estilo al espíritu de un individuo *.

---

* Dominar a fondo varias lenguas modernas y leerlas con soltura es un medio de liberarse de la estrechez de la nacionalidad que a todos nos limita.

Tan sólo se domina a la perfección una lengua cuando uno es capaz de traducir a ella, no ya libros, sino *a sí mismo,* de modo que, sin disminución de la propia personalidad, puede expresarse directamente en ella y así tiene el mismo tipo de comunicación con los extranjeros que con los compatriotas.

Las personas de escasa capacidad no llegarán con facilidad a asimilar de veras una lengua extranjera. Podrán aprender las palabras pero no las emplearán más que en el sentido de su equivalente aproximado en su lengua materna y continúan conservando las locuciones y frases peculiares de ésta. No llegan a apropiarse el *espíritu* de la lengua extranjera, y esto proviene de que su mismo pensamiento no se vale de sus propios medios sino que, en su mayor parte, los toma prestados de la lengua materna, cuyas frases y locuciones habituales adquieren el puesto de pensamientos originales. Por esta razón, aun en su propia lengua, no utilizan más que frases trilladas (hackney'd phrases; frases banales) y hasta acoplan éstas tan inhábilmente que se advierte lo poco conscientes que son de su sentido y cuán poco su entero pensar está por encima de las locuciones, de modo que resulta no mucho más que un parloteo de loro. Por razones opuestas, la originalidad de las expresiones, y la adecuación individual de cada expresión que se emplea, son el síntoma infalible de un espíritu superior.

De todo esto resulta, pues, que, en el aprendizaje de una lengua extranjera, se forman nuevos conceptos para dar significado a nuevos signos; se deslindan ciertos conceptos que, de un modo indeciso, formaban uno más amplio, es decir, menos definido, precisamente porque había sólo una palabra para expresarlos; se descubren relaciones hasta entonces desconocidas porque la lengua extranjera indica el concepto por un tropo o una metáfora que le son propios; que, en consecuencia, un número infinito de matices, similitudes, diferencias, relaciones de cosas entran en la conciencia gracias a la nueva lengua aprendida; se adquiere, en suma, una visión menos unilateral de todas las cosas. De esto se sigue también que, en cada lengua, se piensa de manera distinta, lo que da a nuestro pensar, al aprender otra lengua, una nueva modificación y un nuevo colorido. Por eso, el poliglotismo, aparte de sus numerosas utilidades *indirectas,* es también un *medio directo de formación* intelectual, en cuanto corrige y perfecciona nuestras opiniones, por la variedad y matización de conceptos que nos aporta; y aumenta también la flexibilidad del pensar, pues el estudio de muchas lenguas tiene siempre por efecto liberar más los conceptos de las palabras.

Más aún que de las lenguas modernas, puede decirse esto de las antiguas, debido a la gran diferencia respecto a las nuestras, que no permite que las podamos traducir palabra por palabra, sino que exigen refundir todo nuestro pensamiento y plasmarlo en forma nueva. (Ésta es una de la muchas razones de la importancia que tiene el aprender lenguas antiguas.) O (si se me permite un parangón químico), en tanto que el traducir de una lengua moderna a otra exige, a lo sumo, que el periodo que se traduce sea descompuesto en sus elementos *más próximos* y de nuevo recompuesto con estos mismos, la traducción al latín exige, muy frecuentemente, una descomposición en sus elementos más lejanos y *últimos* (el puro contenido de los pensamientos), de los cuales sale a continuación regenerado en formas del todo distintas, de modo que, por ejemplo, lo que antes estaba expresado por medio de sustantivos ahora lo es por medio de verbos, o viceversa, etc. El mismo proceso tiene lugar cuando se traducen las lenguas antiguas a lenguas modernas. De esto se puede deducir lo lejano que es nuestro conocimiento de los autores antiguos que sólo conocemos por tales traducciones.

La ventaja del estudio de lenguas faltaba a los griegos. Sin duda, esto les ahorraba mucho tiempo que, por otra parte, empleaban de modo no muy riguroso, como lo prueba el lento callejeo cotidiano de los hombres libres en torno al ἀγορά (mercado), que hace pensar en los *Lazzaroni* (gente pobre de Nápoles) y la costumbre italiana de pasar el tiempo en la *piazza*.

Por último, de lo dicho se puede fácilmente colegir que la imitación del estilo de los antiguos en sus propias lenguas, muy superiores a las nuestras en cuanto a perfección gramatical, es el mejor medio de todos para prepararse a la expresión ágil y perfecta de los propios pensamientos en la lengua materna. Para llegar a ser un gran escritor, esto es hasta indispensable; exactamente como un escultor o pintor principiantes necesitan formarse imitando los modelos de la Antigüedad, antes de pasar a una composición propia. Por el solo hecho de escribir en latín se aprende a tratar la dicción cuyo material es la lengua, la cual, por eso, debe ser tratada con el máximo cuidado y delicadeza. Así, se dedicará ahora una atención más vigilante al significado y valor de las palabras, de sus combinaciones de las formas gramaticales; se aprenderá a sopesarlas con precisión y a manejar el precioso material que sirve para expresar y conservar pensamientos que lo merecen. Se aprenderá a respetar la lengua en que se escribe de modo que ésta no será tratada con arbitrariedad y capricho para transformarla. Sin esta escuela preparatoria, el estilo degenera fácilmente en simple verbosidad.

El hombre que *no* sabe *latín* se parece al individuo que se encuentra en un bello lugar en tiempo de niebla: su horizonte es bastante limitado; ve con claridad solamente aquello que está cercano, unos pasos más allá todo resulta indefinido. En cambio, el horizonte del latinista se extiende hasta lo muy lejano, atravesando los siglos recientes, la Edad Media y la Antigüedad. El griego, y también el sánscrito, alargan el horizonte considerablemente más todavía. El que no sabe latín pertenece al *vulgo* aunque sea un gran virtuoso en el campo de la electricidad y tenga, en su crisol, el radical del ácido de flúor.

En vuestros escritores que no saben latín, en breve, no tendréis otra cosa que mozos de peluquería fanfarrones. Ya han andado un buen trecho en este camino con sus galicismos y sus locuciones que pretenden ser ligeras. Vosotros, nobles germanos, os habéis vuelto a la vulgaridad y vulgaridad encontraréis. Una verdadera insignia de la pereza y un vivero de ignorancia, eso son hoy las ediciones, que tienen la osadía de salir a la luz, de autores griegos e incluso *(horribile dictu)* de autores latinos con notas en alemán. ¡Qué infamia! ¿Cómo va el alumno a aprender latín cuando se le habla siempre en su lengua materna? Por eso, la consigna *in schola nil nisi latine* (en la escuela no se habla más que latín) es una excelente antigua regla. Que el señor profesor no sepa escribir latín con facilidad y el alumno, a su vez, no sepa leerlo con facilidad es el meollo humorístico de la cuestión (Shakespeare, *Enrique V,* II, I), mírese como se quiera. En el trasfondo están la pereza y su hija la ignorancia y nada más. ¡Una vergüenza! El uno *no* ha enseñado nada y el otro no quiere aprender nada. Los cigarros y el parloteo político en tertulia han desplazado a la erudición; del mismo modo que los libros ilustrados para niños grandes han reemplazado a las revistas literarias.

* * *

Los franceses, *incluidos* los académicos, tratan a la lengua griega de modo abominable. Adoptan de ella palabras para desfigurarlas. Escriben, por ejemplo, *Etiologie* (Ciencia de las causas), *Esthétique,* etc., cuando justamente sólo en francés *ai* se pronuncia como en griego. Escriben, también, *bradype, Oedipe, Andromaque,* etc.; es decir, escriben las palabras griegas como las escribiría un joven labriego francés que las hubiera atrapado de la boca de un extranjero. Sería una gentileza por parte de los eruditos franceses si, al menos, diesen la apariencia de que entienden el griego. Pero el ver masacrar afrentosamente la noble lengua griega, en beneficio de una jerga tan desabrida como es el francés en sí (que es un italiano deformado del modo más repelente, con la horrible sílaba alargada final y la pronunciación nasal), es un espectáculo semejante al que ofrecen las grandes arañas de las Indias Occidentales al devorar un colibrí o al de un sapo que devora una mariposa.

Como los señores de la Academia se dirigen siempre unos a otros con el título de *mon illustre confrère,* lo cual, en virtud del reflejo mutuo, hace un gran efecto, sobre todo desde lejos, pido a los *illustres confrères* que tomen esta cuestión en consideración: es decir, que dejen la lengua griega en paz y se contenten con su propia jerga o que usen las palabras griegas sin destrozarlas. Tanto más cuanto que, dadas las distorsiones a que las someten, resulta difícil adivinar la palabra griega que hay detrás de la suya y descifrar el sentido de la expresión. En esta línea, se puede señalar también la bárbara fusión, habitual entre los eruditos franceses, de una palabra griega y una latina: *pomologie.* Semejantes cosas, mis *illustres confrères,* huelen a mozo de peluquería.

Estoy plenamente autorizado a esta reprimenda, pues las fronteras políticas no existen en la República de las Letras, del mismo modo que no existen en la geografía física, y las de los idiomas sólo existen para los ignorantes. Los zopencos no deben ser tolerados en esta República.

* * *

Que las palabras de una lengua aumenten al mismo tiempo que las ideas es justo y aun necesario. Pero cuando el primer hecho se produce sin el segundo, es simplemente un signo de pobreza de espíritu que, a toda costa, quisiera presentar cualquier cosa en el mercado pero, al no tener ninguna idea original, recurre a nuevas palabras. Esta forma de enriquecer el lenguaje está muy a la orden del día y es un signo de los tiempos. Pero palabras nuevas para conceptos viejos son como un color nuevo aplicado a un viejo traje.

Señalemos de paso, y simplemente porque el ejemplo viene aquí como anillo al dedo, que las expresiones «primero y último» tan sólo deben emplearse cuando cada una de ellas sustituye a *más* de una palabra y no cuando se trata de *una sola* palabra; en tal caso, es mejor repetir esa sola palabra; los griegos, de hecho, no dudaban en recurrir a semejante repetición, en tanto que los franceses son más escrupulosos que nadie en evitarlo. Los alemanes se enredan de tal manera con su «primero y último» que, al final, ya no se sabe qué es lo que está detrás y qué es lo que está delante.

* * *

Despreciamos la *escritura ideográfica de los chinos.* Pero si la tarea de toda escritura es, por medio de signos visibles, despertar ideas en la mente de otro, es evidente que, cuando se presenta al ojo, en primer lugar, solamente un signo del signo *auditivo* y este signo se convierte en portador único de la idea misma, estamos dando un gran rodeo. Con lo cual, nuestra escritura en letras no es más que el signo de un signo. Hay que preguntarse, pues, qué ventajas tiene el signo auditivo sobre el signo visual para inducirnos a dejar la vía directa del ojo a la mente y adoptar una vía indirecta tan larga, como es el hacer que el signo visible hable a la mente de los demás, tan sólo a través del signo auditivo. Sería obviamente mucho más sencillo hacer del signo visible, al modo de los chinos, el portador directo de la idea y no el puro signo del sonido. Tanto más cuanto que el sentido de la vista es sensible a modificaciones más numerosas y más delicadas que el sentido del oído y, además, permite la agrupación de impresiones, una junto a otra; de lo cual, a su vez, son incapaces las percepciones del oído, pues se ejercen exclusivamente en el tiempo.

Las razones que, para explicar esto, se han buscado pudieran resumirse así:

1) Por naturaleza, recurrimos, en primer lugar, a signos auditivos para expresar nuestros sentimientos y, después, también para expresar nuestros pensamientos. Con esto llegamos a un lenguaje para el oído antes de haber pensado en inventar uno para la vista. Pero, además, resulta también más breve, cuando ello es necesario, reducir el lenguaje visual a lenguaje auditivo que inventar o, en su caso, aprender un lenguaje para la vista del todo nuevo y de un género por completo diferente; tanto más que enseguida descubrimos que el número infinito de palabras se puede reducir a poquísimos sonidos y, por consiguiente, mediante éstos se pueden más fácilmente expresar.

2) Es cierto que el órgano de la vista puede captar modificaciones mucho más variadas que el oído; pero no somos capaces de *reproducirlas* para el ojo sin la ayuda de ciertos instrumentos como lo podemos hacer para el oído. No seremos tampoco capaces de reproducir y cambiar los signos visibles con la rapidez de los signos auditivos, gracias a la agilidad del órgano lengua. Esto es, pues, lo que hace del oído, de modo natural, el sentido esencial del lenguaje y, por consiguiente, también de la razón. Por lo tanto, los motivos por los cuales en este caso, excepcionalmente, la vía directa no es la mejor son,

en el fondo, motivos solamente exteriores y accidentales, no derivados de la esencia misma de la función.

El procedimiento de los chinos, si lo examinamos de una manera abstracta, teórica y *a priori,* sería, pues, el verdadero. Tan sólo se les podría reprochar cierto pedantismo en cuanto no han tenido en cuenta condiciones empíricas que hubieran sugerido otra vía.

Por lo demás, la experiencia ha revelado también una ventaja realmente importante de la escritura china. No es necesario, de hecho, saber chino para expresarse en esa lengua. Cada uno la lee en su propio idioma, del mismo modo que nuestros signos para los números, los cuales son, en general, para los conceptos numéricos, lo que los conceptos de la escritura china son para todos los conceptos. Incluso los signos algebraicos son eso mismo para los conceptos abstractos de magnitud. Por esta razón, como me ha asegurado un comerciante inglés de té que ha estado cinco veces en China, la escritura china es, en todos los mares de la India, el medio común para entenderse entre mercaderes de las más diversas naciones que no conocen ninguna lengua común. Ese comerciante estaba firmemente convencido de que un día, por esta peculiaridad, la lengua china se extendería por todo el mundo. Con esta opinión está completamente de acuerdo J. F. Davis en su libro titulado *Los chinos,* Londres, 1836, cap. XV.

* * *

Los verbos *deponentes* son el único elemento irracional, incluso absurdo, de la lengua latina y no mucho mejor se puede decir de los verbos *medios* de la lengua griega.

Un defecto específico de la lengua latina es el hecho de que *fieri* (llegar a ser) representa el pasivo de *facere* (hacer). Esto implica, e inocula en la razón de los que estudian esa lengua, el desastroso error de que todo lo que es, o, al menos todo lo que ha llegado a ser, ha *sido hecho*. En griego y en alemán, en cambio, γιγνεσθαι y *werden* no son considerados como los pasivos directos de los verbos ποιειν y *machen*. En griego puedo decir: ουκ εστι παν γενόμενον ποιουμενον, pero esta frase no puede traducirse palabra por palabra al latín; puede, en cambio, traducirse al alemán: *nicht jedes gewordene ist ein gemachtes.*

* * *

Las consonantes son el esqueleto y las vocales la carne de las palabras. El esqueleto es (en el individuo) inmutable y la carne muy variable en color, calidad y cantidad. Por eso, las palabras, incluso a través de los siglos o pasando de una lengua a otra, conservan, en conjunto, muy bien sus consonantes pero modifican fácilmente las vocales. Por esta razón, en la etimología se tienen mucho más en cuenta las consonantes que las vocales.

EL ARTE DE ESCRIBIR

El oficio del escritor

HAY, ante todo, dos clases de escritores: los que escriben para expresar algo y los que escriben «para escribir». Los primeros han tenido ideas o vivido experiencias que consideran dignas de ser comunicadas. Los segundos necesitan dinero, y por ese motivo escriben. Piensan con la única finalidad de escribir. Se les reconoce por su tendencia a dar la mayor extensión posible a sus pensamientos y, además, los pensamientos mismos son verdaderos a medias, torcidos, forzados, vacilantes, y aman, sobre todo, lo claroscuro para mostrar lo que no son. Por eso, en sus escritos falta precisión y claridad. Enseguida podemos darnos cuenta de que escriben para llenar páginas. Incluso puede observarse algunas veces en nuestros mejores escritores como, por ejemplo, en ciertos pasajes de la *Dramaturgia* de Lessing y en muchas de las novelas de Jean Paul. En cuanto el lector advierta esto, debe tirar el libro, pues el tiempo es precioso. En realidad, cuando el autor escribe para llenar papel, está engañando al lector porque escribe con el pretexto de que tiene algo que decir.

El escribir por dinero y el reservarse los derechos de autor son, en el fondo, la perdición de la literatura. Tan sólo escribe cosas dignas de ser leídas el que únicamente escribe para decir algo. Qué inapreciable ventaja sería si, en todas las ramas de una literatura, tan sólo existieran pocos pero excelentes libros. Pero nunca se llegará a esto mientras actúe como móvil el dinero. Parece como si una maldición pesara sobre éste; todo escritor que, de alguna manera, ante todo busca la ganancia, degenera enseguida. Las mejores obras de los grandes autores datan del tiempo en que éstos tenían que escribir por pequeña o ninguna ganancia. Aquí se confirma también el proverbio español: «Honra y provecho no caben en un saco.»

La deplorable condición de la literatura actual, dentro y fuera de Alemania, tiene su raíz en que la gente escribe libros para obtener ganancias. El que necesita dinero se sienta y escribe un volumen; y el público es tan necio que lo compra.

Consecuencia secundaria de esto es la degradación del lenguaje.

Gran cantidad de malos escritores vive hoy tan sólo de la necedad del público que no quiere leer más que lo que se imprime cada jornada: los periodistas, «Journalisten». ¡Un nombre apropiado! En lenguaje llano debieran llamarse «jornaleros» *.

---

* Lo que caracteriza a los *grandes* escritores (en el nivel más elevado), como también a los artistas y, por consiguiente, les es común a todos ellos, es el hecho de que *toman en serio su obra*. Los demás no toman en serio más que su utilidad y su provecho. Cuando un escritor logra la fama con un libro escrito en virtud de una vocación

* * *

Se puede decir, también, que hay tres clases de autores. En primer lugar, los que escriben sin pensar. Escriben de memoria, de reminiscencias o directamente de libros de otros. Esta clase es la más numerosa. En segundo lugar, aquellos que piensan mientras están escribiendo; piensan para escribir. Es un caso muy frecuente. En tercer lugar, aquellos que han pensado antes de ponerse a escribir. Escriben puramente porque han pensado. Son los menos.

La segunda clase de autores, que no se ponen a pensar hasta el momento de escribir, puede compararse con el cazador que sale a cazar a la ventura: es difícil que retorne a casa con su morral lleno. En cambio, los logros de la tercera y más restringida clase de autores serían comparables a una batida de caza, en la cual las piezas han sido previamente cercadas y encorraladas, para que después salgan a manadas de ese encierro a otro lugar igualmente vallado, donde se hallan al alcance del cazador, que ahora no tiene más que apuntar y apretar el gatillo; dicho en otras palabras, el autor pondrá por escrito los pensamientos que ya tiene en su cabeza. Ésta es la caza que da rendimiento.

Pero aunque el número de escritores que realmente, seriamente, piensan antes de escribir sea pequeño, es

_____

y un íntimo impulso, y luego se dedica enseguida a escribir de todo, *ha vendido su gloria por un vil dinero.* En cuanto se escribe porque se quiere lograr algo, la cosa se desbarata.

Tan sólo en este siglo existen escritores de *profesión.* Hasta ahora ha habido escritores de *vocación.*

todavía más restringido el de aquellos que piensan *sobre las cosas mismas;* los demás piensan puramente sobre *libros,* sobre lo que ya ha sido dicho por otros. Para pensar necesitan el impulso cercano y fuerte de los pensamientos ajenos expresados por otros. Éstos constituyen su tema habitual; están siempre bajo su influencia y, por consiguiente, no adquieren jamás una originalidad propiamente dicha.

Los primeros, por el contrario, son empujados a pensar por *las cosas mismas.* Su pensamiento va dirigido directamente a ellas. Sólo entre éstos se encuentran los que permanecerán y serán inmortales. Se entiende que estamos hablando de los grandes temas y no de tratados sobre la destilación del aguardiente.

Tan sólo aquel que toma directamente de su cabeza la materia sobre la cual escribe es digno de ser leído. Pero hacedores de libros, escritores de compendios, historiadores ordinarios toman la materia directamente de libros. Desde éstos va a su pluma sin haber pagado en su cabeza un peaje de tránsito o haber sido objeto de una inspección aduanera y mucho menos de una elaboración. (Cuál no sería la ciencia de muchos hombres si ellos supieran todo lo que está en sus propios libros.) Por eso, su forma de hablar tiene con frecuencia un aire tan indeterminado que en vano se rompe uno la cabeza para adivinar lo que, en definitiva, piensan. No piensan nada. Y el libro del que ellos hacen su propia copia está a veces hecho de la misma manera. Así, este tipo de escritos viene a ser como la copia, de una copia, de una copia... y, al final, el retrato se convierte en el contorno borroso, apenas reconocible, de una cara. Habrá que leer a los copiladores lo menos posible. Evitarlos del todo resulta, en la práctica, difícil, pues los compendios, que encierran en un pequeño espacio el saber acumulado a lo largo de muchos siglos, entran en las copilaciones.

Ningún error más grave que suponer que la última palabra es siempre la más correcta, que todo escrito posterior es una mejora del escrito anterior y que todo cambio significa progreso. Las cabezas pensantes, las personas de recto juicio y las gentes que toman en serio las cosas no son más que excepciones. La regla en el mundo entero es la gente chapucera, la cual está siempre dispuesta a mejorar en mal, a su manera, lo que aquellos han dicho tras maduras reflexiones. Por esta razón, el que quiere instruirse en un campo determinado, cuídese de acudir de inmediato a los últimos libros publicados sobre el tema pensando que las ciencias siempre progresan y que, en la elaboración de éstos, se han tenido en cuenta los antiguos. Sí, se han tenido en cuenta, pero ¿cómo? Con frecuencia, el autor del nuevo libro no entiende a fondo los antiguos libros y no emplea directamente sus palabras, con lo cual, queriendo enmendar, acaba estropeando lo que ellos mejor y más claramente dijeron, pues lo han escrito con conocimiento propio y vivo del tema. Muchas veces deja de lado lo mejor que ellos han aportado, sus más agudas observaciones, sus aclaraciones más felices. Y es que no ha captado su valor ni siente la carga de significado que llevan; tan sólo tiene afinidad con lo superficial e insípido.

Sucede con frecuencia que un viejo y excelente libro es sustituido por otros nuevos y malos que, escritos por dinero, aparecen con aire pretencioso y muy elogiados por amigos. En el mundo de la ciencia, para hacerse valer, buscan algunos abrirse al mercado aportando algo fresco. Esto a veces no significa otra cosa que atacar una teoría aceptada y correcta para dejar paso a sus propias mixtificaciones. En ocasiones esta táctica tiene éxito durante un tiempo y después se retorna a la vieja y verdadera teoría. Este tipo de innovadores no toma nada en serio más que su precioso ego; esto es lo único que quieren promocionar. Y el modo rápido de hacerlo es mediante una paradoja: sus estériles cabezas toman naturalmente la vía de la negación. Negarán verdades que durante largo tiempo han sido admitidas: el vitalismo, el sistema nervioso simpático, la *generatio œquivoca* (abiogénesis), la distinción de Bichat entre la acción de las pasiones y la acción de la inteligencia; o quieren que retornemos a un craso atomismo, etc. Por eso, sucede con frecuencia que *el progreso de las ciencias es retrógrado* (va hacia atrás).

A este género pertenecen también aquellos traductores que, al traducir, corrigen y manipulan a sus autores: algo que siempre he considerado impertinente. A estos traductores yo les diría: escribe tú mismo libros que merezcan ser traducidos y deja a los de otros tal como son.

Hay que estudiar a los verdaderos autores, a los que han fundado y descubierto las cosas o, al menos, a los grandes y reconocidos maestros en un ramo del saber, y comprar más bien libros de segunda mano que leer su contenido en los nuevos. Y como *inventis aliquid addere facile est* (es fácil añadir algo a las cosas ya inventadas), el estudioso deberá, una vez bien asimilados los principios básicos, familiarizarse con las más recientes innovaciones. En resumen, aquí como en todo, prevalece esta regla: lo nuevo es raramente lo bueno, pues lo bueno es lo nuevo tan sólo durante corto tiempo *.

Lo que la dirección es a una carta, deberá ser su título a un libro; es decir, su objetivo principal es introducirlo en aquella parte del público a quien puede interesar su contenido. Así pues, el título deberá ser expresivo y, como su naturaleza exige que sea esencialmente corto, ha de ser conciso, lacónico, significativo y, en lo posible, resumir el contenido del libro en una sola palabra. Por consiguiente, un título prolijo es malo; lo mismo el que no dice nada, el que es oscuro o ambiguo o es simplemente falso y engañoso. Esta última posibilidad depara al libro la misma suerte que corren las cartas falsamente dirigidas.

Pero los peores son los títulos robados, es decir, aquellos que ya tienen otros libros. Son, en primer lugar, un plagio y, además, la prueba más convincente de la falta absoluta de originalidad en el autor. Si no tiene la originalidad suficiente para inventar un título nuevo a su libro, mucho menos será capaz de darle un contenido original. En esta misma línea están los títulos imitados, es decir, medio robados. Por ejemplo, cuando Oerstedt, mucho después de haber yo escrito *Sobre la voluntad en la naturaleza,* escribió un libro titulado *Sobre el espíritu en la naturaleza.*

---

* Para asegurarse la constante atención y la simpatía del público, hay que escribir algo que tenga valor perdurable o bien escribir continuamente algo que sea nuevo y que, precisamente por eso, siempre se derrumbará enseguida.

> *Si quiero mantenerme a flote,*
> *para cada feria debo escribir un libro.*

> Tieck

La poca honradez de los escritores se muestra en la falta de escrúpulos con que falsifican las citas de los escritos de otros. Encuentro pasajes de mis escritos regularmente falseados en las citas —tan sólo mis más declarados seguidores son una excepción a este respecto—. A menudo la falsificación se hace por negligencia ya que las expresiones banales y vulgares fluyen de la pluma y se escriben por rutina. Otras veces, en cambio, las falsificaciones se hacen por presunción: quieren mejorarme. Pero demasiadas veces sucede por mala fe y, entonces, es una bajeza vergonzosa y una bribonada que, como el falsificar moneda, priva de una vez para siempre, a quien lo hace, de la condición de hombre honrado.

* * *

Un libro no puede ser más que el reflejo de las ideas del autor. El valor de estas ideas reside en la *materia,* es decir, en aquello *sobre lo cual* el autor ha pensado o en la *forma,* o sea, en la elaboración de ese tema; en otras palabras, en *aquello* que el autor ha pensado a este respecto.

Los temas sobre los cuales el autor ha pensado pueden ser muy variados, e igualmente los méritos que confieren a los libros. Todo tema empírico, es decir, toda realidad histórica o física tomada en sí y en el sentido más amplio de la palabra, entrará en este cuadro. Aquí, el objeto es lo que da su carácter peculiar al libro. Por este motivo, el libro puede ser importante, cualquiera que sea el autor.

En cambio, en cuanto a la forma, el carácter peculiar de un libro reside en el *sujeto* que lo escribió. El tema puede ser asequible a cualquiera y de todos conocido, pero la forma de tratarlo, el modo de concebirlo, es lo que aquí confiere el valor y reside en el *sujeto*. Si un libro, desde este punto de vista, es excelente y sin igual, también lo será el autor. Por consiguiente, el mérito real de un escritor, digno de ser leído, será tanto mayor cuanto menos se lo deba al tema y cuanto el tema sea más conocido y utilizado por otros. Así, por ejemplo, los tres grandes trágicos griegos han utilizado exactamente los mismos temas.

Cuando un libro adquiere fama, debemos precisar si ello se debe al tema que trata o a la forma en que lo expone.

Mentes corrientes y superficiales pueden presentar, por razón de la materia, excelentes libros sobre un tema al que sólo ellos tenían acceso; por ejemplo, descripciones de lejanas tierras, de fenómenos naturales raros, de experimentos que han realizado o acontecimientos históricos de los que el autor ha sido testigo o ha dedicado su tiempo y esfuerzo para investigar las fuentes y estudiarlos de modo especial.

En cambio, cuando lo que importa es la *forma,* dado que se trata de un tema a todos asequible y de todos conocido, cuando tan sólo lo que el autor piense sobre el mismo puede darle valor, únicamente cabezas eminentes serán capaces de presentar algo digno de ser leído. Las que no lo son tan sólo pensarán lo que cualquier otro puede pensar. Darán un reflejo de su espíritu, pero eso es una copia cuyo original posee cada uno.

El público da mucha más importancia al tema que a la forma y con ello queda rezagado en su propia educación superior. Del modo más ridículo revela esta tendencia cuando se trata de obras poéticas y presta máximo interés a los hechos reales y circunstancias personales que han servido de ocasión para la creación poética. Sí, finalmente, esos hechos y circunstancias acaban siendo más interesantes que las propias obras del autor, y el público lee más lo que se ha escrito *sobre* Goethe que a Goethe mismo y estudia con más aplicación la leyenda de Fausto que el drama con este nombre. La observación de Bürger: «Se dedican a eruditas investigaciones para saber quién fue en realidad Leonor.» Sucede a la letra en el caso de Goethe, pues tenemos gran número de sabias investigaciones sobre Fausto y la leyenda de Fausto. Se ocupan del tema y ahí se quedan. Esta predilección por la materia, en oposición a la forma, es como si alguien no prestase atención a la forma y a la pintura de un bello vaso etrusco para estudiar químicamente la arcilla y los colores.

Buscar hacer efecto por razón del tema, cediendo a esta mala tendencia del público, es absolutamente condenable en ramas de la literatura donde el mérito reside expresamente en la *forma,* como es el caso en las obras poéticas.

Sin embargo, no es raro ver que malos autores dramáticos buscan llenar el teatro sirviéndose de la materia tratada. Presentan en escena, por ejemplo, a cualquier persona famosa, por muy desprovista de hechos dramáticos que haya sido su vida, a veces sin esperar a que hayan muerto las personas que con la misma aparecen.

La distinción aquí señalada entre materia y forma es aplicable también a la conversación. Es la inteligencia, el juicio, la vivacidad y la agudeza lo que hace a un hombre buen conversador; eso es lo que da *forma* a la conversación. Pero enseguida vendrá la consideración de la *materia*, los temas de que se puede hablar con una persona, sus conocimientos. Si éstos son escasos, tan sólo un grado especialmente elevado de las mencionadas cualidades de forma puede dar valor a su conversación, dado que, en cuanto a la materia, ésta se reduce a las cosas humanas y naturales generalmente conocidas. El caso será inverso cuando alguien carece de estas cualidades de forma pero, en cambio, sus conocimientos sobre un tema determinado dan a la conversación un valor que, en ese supuesto, se basa exclusivamente en la materia, pues, como dice el proverbio español: «Más sabe el necio en su casa que el sabio en la ajena.»

* * *

La vida real de un pensamiento dura tan sólo hasta que llega al punto límite de la palabra: entonces se petrifica y queda muerto pero indestructible como las plantas y animales fosilizados de la prehistoria. Su auténtica vida momentánea es también comparable a la de un cristal en el momento de la cristalización.

Cuando nuestro pensar ha encontrado palabras, deja de existir en nosotros y de ser serio en el sentido más profundo. En cuanto empieza a existir para los demás, cesa de vivir en nosotros, como el niño se desprende de la madre cuando inicia su propia vida.

Ya dijo el poeta:

Ihr müsst mich nicht durch Widerspruch verwirren!
Sobald man spricht, beginnt man schon zu irren.

(¡No me confundas con contradicciones!
En cuanto el hombre habla, empieza a errar.)

(Goethe)

* * *

La pluma es al pensar lo que el bastón al caminar: pero se camina más ágilmente sin la ayuda del bastón, y el pensar más perfecto se realiza sin la pluma. Tan sólo cuando uno empieza a envejecer se sirve voluntariamente del bastón y de la pluma.

* * *

Una *hipótesis* desarrolla en la cabeza donde se ha asentado o ha nacido una vida semejante a la de un organismo, en cuanto acoge del mundo exterior tan sólo lo que le es homogéneo y beneficioso y, en cambio, no acoge lo que le es heterogéneo y nocivo, y, cuando algo le es impuesto de modo inevitable, lo rechaza de nuevo.

* * *

La *sátira,* como el álgebra, debe operar con valores abstractos e indefinidos, no con valores concretos o magnitudes específicas; y como en los seres vivos no se ejercita la anatomía, tampoco ha de ejercitarse la sátira, so pena de arriesgar la piel y la vida.

* * *

Para ser *inmortal,* una obra ha de tener tantas cualidades que no es fácil encontrar una persona que las perciba todas y las aprecie. Sin embargo, en todo tiempo esta cualidad es reconocida y apreciada por uno, aquélla por otro; así, el prestigio de la obra se mantiene en el correr de los siglos, y a través de un interés siempre cambiante, bien en un sentido, bien en otro, sigue siendo apreciada y permanece. El creador de tal obra, es decir, el que pretende continuar viviendo en la posteridad, puede ser únicamente un hombre que en vano buscaría un semejante entre sus contemporáneos en el ancho mundo y que se distingue de cada uno de ellos por una marcada diferencia; un hombre que, aunque peregrinase por muchas generaciones como el judío errante, seguiría encontrándose en la misma situación; en resumen, uno a quien en verdad se pudiera aplicar el dicho de Ariosto: *Lo fece natura, e poi ruppe lo stampo* (Lo hizo la naturaleza, y después rompió el molde). *Orlando furioso,* X, 84. De otro modo no se comprendería cómo sus ideas no se hunden en el olvido como todas las otras.

* * *

Casi en cada época, tanto en literatura como en arte, se admira y pone de moda un principio falso, un estilo, una manera. Los cerebros vulgares se esfuerzan ávidamente por apropiárselos y aplicarlos. El hombre profundo, en cambio, se da cuenta y los desdeña: se queda al margen de la moda. Pero al cabo de un tiempo también el público ve claro y reconoce la impostura en su valor, se mofa de ello y el maquillaje de todas estas obras amaneradas se desprende y cae como un revocado malo de yeso con que se ha revestido una pared; y nadie se ocupará de aquella moda como nadie se ocupa del revocado caído. Por tanto, no hay que inquietarse, sino alegrarse de que un principio falso que ha estado operando en silencio sea expuesto en voz alta e inteligible. Desde ese momento su falsedad será sentida y reconocida, y finalmente proclamada. Es como un absceso que al fin revienta.

* * *

Las *revistas literarias* deberían alzar un dique frente al garabateo sin escrúpulo de nuestro tiempo y el diluvio creciente de libros inútiles y malos. Con juicio incorruptible, justo y severo, deberían fustigar sin piedad toda chapucería de un intruso, todo emborronamiento de cuartillas con que el cerebro vacío acude en socorro de la bolsa vacía, es decir, al menos el noventa por ciento de los libros, combatiendo así la manía literaria y el embaucamiento en lugar de fomentarlos con su infame tolerancia, en alianza con el autor y el editor, para robar al público su tiempo y su dinero.

Por regla general, los escritores son profesores o literatos que ganan poco y están mal pagados y escriben porque necesitan dinero. Al perseguir un mismo objetivo, tienen un interés común en unirse y apoyarse recíprocamente y cada uno canta al otro la misma canción. Ésta es la fuente de todas las recensiones elogiosas de libros de poca altura que llenan las revistas literarias, las cuales deberían llevar como divisa: «Vivir y dejar vivir.» (Y el público es tan simplista que prefiere lo nuevo a lo bueno.)

¿Se encuentra entre ellos uno solo que pueda gloriarse de no haber elogiado jamás la más indigna escribiduría, de no haber criticado y despreciado obras excelentes o, para desviar la atención, haberlas presentado, de una manera astuta, como insignificantes? ¿Hay uno solo entre ellos que haya hecho concienzudamente la selección de obras según la importancia de los libros y no basándose en recomendaciones de compadres, consideraciones de colegas e incluso sin que los editores le hayan engrasado la pluma?

Por muy novato que uno sea, cuando ve un libro altamente elogiado o criticado, ¿no mira enseguida, casi maquinalmente, el nombre del editor? Constantemente se hacen recensiones en interés de los editores en lugar de en interés del público. Si existiera, en cambio, una revista literaria como la que yo reclamo, la perspectiva de verse en vergüenza pública, consecuencia inevitable de su chapucería, paralizaría las impacientes plumas de los escritores malos, copiladores sin ideas, plagiadores de libros ajenos, filosofastros vacuos e incapaces, ansiosos de figurar, poetastros sin vigor e inflados de vanidad. Y esto sería verdaderamente en beneficio de la literatura donde lo malo no sólo es inútil sino positivamente pernicioso. Pero la mayor parte de los libros son malos y no debieran haberse escrito. Por consiguiente, el elogio debería ser tan raro como lo es ahora la crítica bajo la influencia de consideraciones personales y de la máxima: *Accedas socius, laudes lauderis ut absens* (Entra, compañero, y elogia, con lo cual serás elogiado cuando estés ausente), Horacio, *Serm.*, II, 5, 72.

101

Sería un error aplicar también a la literatura esa tolerancia con que necesariamente hay que tratar en la vida social a las gentes torpes y sin talento que tanto abundan. En literatura son descarados intrusos, y aquí desechar lo malo es un deber respecto a lo bueno: el que no encuentra nada malo tampoco encuentra nada bueno. En general, la *cortesía,* que es una consecuencia de las relaciones sociales, es en literatura un elemento extraño y con mucha frecuencia dañoso, pues exige llamar bueno a lo malo, yendo así contra los fines de la ciencia y del arte. Es cierto que una revista literaria como la que yo propongo sólo podría ser escrita por personas que reunieran en sí una rectitud insobornable, con sólidos conocimientos, y un juicio crítico aún más sólido. Por consiguiente, toda Alemania podría crear, a lo sumo, una publicación literaria de estas características que sería un tribunal equitativo *(areópago),* cada uno de cuyos miembros debería ser elegido por el conjunto de todos los demás; mientras hoy sucede que las revistas literarias están en manos de corporaciones universitarias, de camarillas literarias y, en la sombra, tal vez de editores para beneficio de sus negocios y, en general, de coaliciones de malas cabezas coaligadas para no dar paso a lo bueno. En ninguna parte hay tanta falta de probidad como en la literatura, decía Goethe, como he referido con más detalle en *La voluntad en la naturaleza.*

Ante todo, debería ser eliminado ese escudo de toda bellaquería literaria: el anonimato. En publicaciones literarias se ha introducido con el pretexto de que se utiliza para defender a la crítica honrada, a los vigías del público, contra la inquina del autor y sus padrinos. Pero, frente a un caso de este género, encontraremos cien en los que el anonimato sirve únicamente para descargar de toda responsabilidad a quien es incapaz de sostener lo que afirma o, simplemente, para ocultar la vergüenza del que es suficientemente venal e indigno para recomendar, por la propina que le pasa el editor, un libro malo al público.

También sirve, con frecuencia, puramente para ocultar la oscuridad, insignificancia e incompetencia del crítico. Es increíble la desfachatez con que se revisten ciertos tipos y ante qué pillerías literarias no se detienen, cuando, tras el parapeto del anonimato, se sienten seguros. Así como existe en medicina una panacea universal, lo que voy a decir es una anticrítica universal contra todas las recensiones anónimas; no importa si éstas elogian lo malo o denigran lo bueno: «¡Bribón, da tu nombre! Atacar, enmascarado y camuflado, a los que van por la calle con cara descubierta, eso no lo hace ningún hombre honrado. Lo hacen sólo pícaros y miserables. Por tanto, ¡bribón, da tu nombre!» *Probatum est.*

Ya dijo Rousseau, en el Prefacio a *La nueva Eloísa: Tout honnête homme doit avouer les livres qu'il publie.* Dicho en lenguaje llano: «Todo hombre de bien pone su nombre al pie de lo que escribe», y proposiciones afirmativas generales pueden invertirse por contraposición. ¡Cuánto más cierto es esto todavía de los escritos polémicos, entre los que se cuentan la mayor parte de las recensiones! Por eso, con toda razón dice Riemer en el Prólogo (pág. XIX) de sus *Comunicaciones sobre Goethe:* «El que afronta cara a cara y abiertamente a su adversario es una persona honrada, moderada, con la cual es posible entenderse, llegar a un acuerdo, hacer las paces; en cambio, uno que se tapa la cara es un *bribón cobarde y miserable* que no tiene el coraje de reconocer lo que piensa, y que ni siquiera tiene interés en sus propias opiniones, sino únicamente en el gozo secreto que siente, al poder descargar su cólera en otros de modo impune y sin ser reconocido.» Sin duda, ésta era también la opinión de Goethe que normalmente se revela en las palabras de Riemer. Pero, en general, es válida la regla de Rousseau para cada línea que se da a la imprenta. ¿Toleraríamos que un hombre enmascarado harengase a la multitud o quisiera tener un discurso ante una asamblea? ¿Y que además, de esta forma, agrediese a los otros y los llenase de improperios? Los puntapiés de los demás, ¿no darían alas a sus propios pies, para que tomase el camino de la puerta?

La libertad de prensa, al fin lograda en Alemania y que enseguida se ha utilizado del modo más abusivo e indigno, debía estar condicionada por la prohibición de todo anónimo y seudónimo, de manera que cada uno, de aquello que anuncia públicamente sirviéndose del altavoz de amplia resonancia de la prensa, responda, al menos, con su honor; si es que lo tiene. Y si no lo tiene, su mismo nombre neutralizaría sus palabras. Un crítico anónimo es un pícaro que *no quiere hacerse responsable* de lo que hace saber al mundo —o, en su caso, hace que se ignore— sobre otras personas y su trabajo y, por eso, no quiere dar su nombre. ¿Habrá que soportar esto? No hay mentira tan insolente que un crítico anónimo se detenga ante ella. Su responsabilidad no llega a tanto. Todas las recensiones anónimas son sospechosas de fraude y mentira. Como la policía no permite que la gente vaya enmascarada por las calles, no debería permitir que se escriba anónimamente. Las publicaciones periódicas literarias anónimas son, cabalmente, el lugar donde, con toda impunidad, la ignorancia alza su tribunal para juzgar a las personas cultas, la estupidez se convierte en juez de los inteligentes y donde el público, engañado impunemente, es estafado, robándole su tiempo y su dinero con el elogio de lo que carece de todo valor. ¿No es el anonimato la fortaleza segura de toda pillería literaria y, sobre todo, periodística? Por tanto, es preciso demolerla hasta sus cimientos, es decir, de modo que cada artículo de periódico vaya siempre acompañado del nombre de su autor, bajo responsabilidad severa del director en cuanto a la autenticidad de la firma. Como hasta el más insignificante es conocido en el lugar donde habita, con semejante medida se eliminarían dos tercios de las mentiras que en los periódicos se escriben, y se pondría un freno a la insolencia de muchas lenguas venenosas. En Francia ahora se está procediendo en este sentido.

En literatura, mientras no existan estas medidas, deberían unirse todos los escritores dignos para proscribir el anonimato con el estigma del extremo desprecio, expuesto públicamente, sin tregua, día tras día, y haciendo ver por todos los medios que recensiones anónimas son una indignidad y una vileza. El que escribe y polemiza anónimamente hace sospechar en su contra que quiere engañar al público o atentar, sin correr peligro, contra el honor de los demás. Así, cada vez que se haga referencia a un crítico anónimo, aunque sea de pasada y sin reprobación, deberían emplearse epítetos como «el cobarde bribón anónimo» o «el camuflado pillo anónimo de tal revista», etc. Éste es, verdaderamente, el tono razonable y apropiado para referirse a tales tipos, a fin de que vayan perdiendo el gusto de su oficio. Es evidente que tan sólo puede aspirar a una estima personal quien se deja ver como es, para que sepamos quién tenemos delante; pero no el que camuflado y enmascarado se introduce clandestinamente, haciéndose con ello inútil. Además, tal individuo queda, por ese mismo hecho, fuera de la ley. Es Οδυσσευς Ουτις, *Mr. Nobody* (Señor Nadie), y cada cual tiene derecho a declarar que *Mr. Nobody* es un bribón. Por eso se debe tratar también a todo crítico anónimo, sobre todo en respuesta a sus críticas, como truhán y canalla, y no llamarlo «el honorable Señor crítico», como, por cobardía, hacen algunos autores contaminados por esa chusma. «Un canalla que no quiere dar su nombre» es lo que deben decir todos los escritores honrados. Y si más tarde alguno conquista el mérito de arrancar el encapuchamiento a un pillo semejante, que se ha ido escurriendo entre el escarnio de todos, y cogerlo por las orejas y denunciarlo al público, entonces el búho nocturno traído a la luz provocará muchas risas. La primera reacción indignada, ante cualquier calumnia verbal que oímos decir, se manifiesta, por regla general, con la pregunta: ¿Quién lo dice? Pero el anónimo no da respuesta.

Un género de impertinencia especialmente ridículo de tales críticos anónimos es que, como los reyes, cuando hablan usan el *«Nosotros»;* cuando deberían hablar no sólo en singular, sino en diminutivo y hasta en humillativo, diciendo, por ejemplo: «Mi miserable pequeñez, mi

cobarde astucia, mi camuflada incompetencia, mi mezquina pillería», etc. Así es como hay que hablar a estos
bribones enmascarados, culebras ciegas que silban desde
el agujero oscuro de cualquier «periodicucho literario», a
la industria de los cuales hay que poner un fin. El anonimato es en la literatura lo que la bribonería material es en
la comunidad civil. «¡Di cuál es tu nombre, bribón, o
cállate!» Tal debe ser la consigna. Entre tanto, cuando se'
trata de críticas sin firma, el nombre puede sustituirse con
una palabra: Truhán.

Esta industria puede aportar dinero, pero no aporta
honor. Por esta razón, cuando ataca, el Señor anónimo es,
sin más, el Señor bribón, y se puede apostar, ciento contra
uno, que el que no quiere dar su nombre tiene la intención de engañar al público *. Tan sólo hay derecho a
hacer recensiones anónimas de libros anónimos. Con la
supresión del anonimato se eliminaría el noventa y nueve
por ciento de toda la bellaquería literaria. Mientras este
negocio no sea prohibido, habría que dirigirse, cuando
se dé la ocasión, al propietario de la tienda (presidente o
empresario del instituto de recensiones anónimas) y
hacerlo directamente responsable de los desmanes de

---

* Un recensor anónimo debe, sin más, ser considerado como un
truhán que no pretende más que engañarnos. Conscientes de esto, en
todas las publicaciones literarias *dignas,* los autores de las recensiones firman con su nombre. El que escribe anónimamente quiere
engañar al público y denigrar a los escritores: lo primero es en
beneficio del editor, lo segundo aplaca su envidia. En suma, hay que
acabar con la pillería literaria de las recensiones anónimas.

sus mercenarios, y esto en el tono que su oficio autoriza a adoptar *. Por mi parte, yo antes preferiría estar al frente de un garito de juego, o de un burdel, que de una de esas cuevas de recensores anónimos.

---

* De las culpas de un recensor anónimo hay que hacer directamente responsable al que publica o edita las recensiones, como si él mismo las hubiera escrito, del mismo modo que hacemos al jefe de taller responsable de las deficiencias en el trabajo de sus operarios. Y a esta clase de tipos hay que tratarlos como su oficio merece: sin ceremonias. —El anonimato es pillería literaria, contra la cual inmediatamente hay que gritar: «¡Tú, bribón, no quieres reconocerte responsable de lo que dices contra otras personas; tapa, pues, esa boca maldiciente!» Una recensión anónima no tiene más autoridad que una carta anónima, y hay que mirarla con la misma desconfianza con que se mira una de éstas. O ¿vamos a aceptar el nombre de una persona, que se presta a ser presidente de una tal auténtica *sociedad anónima,* como garantía de la veracidad de sus empleados?

Sobre el estilo

EL estilo es la fisonomía del espíritu, la cual es menos engañosa que la del cuerpo. Imitar el estilo de otro es como llevar una máscara. Por muy bella que ésta sea, enseguida se convierte, al faltarle vida, en algo insípido e inaguantable, de modo que la cara más fea, pero viva, es preferible a esa fisonomía. Por esta razón, los autores que escriben en latín e imitan el estilo de los antiguos parecen hablar a través de una máscara. El lector, es cierto, oye lo que dicen pero no puede, además, ver su fisonomía: el estilo. En cambio, sí lo ve en los escritos latinos de autores que piensan por sí mismos y no son serviles de esa imitación, como Escoto Erígena, Petrarca, Bacon, Descartes, Spinoza, Hobbes...

La afectación en el estilo es comparable a las muecas en la cara. La lengua en que uno escribe es la fisonomía nacional: presenta grandes diferencias, desde el lenguaje de Grecia hasta el del Caribe.

Hay que descubrir las faltas de estilo en los escritos de los demás para evitarlas en los nuestros.

* * *

Para una estimación provisional de las producciones del ingenio de un escritor no es necesario saber sobre qué o qué ha pensado; para ello sería preciso leer todos sus escritos. En cambio, es suficiente saber cómo ha pensado. De este cómo del pensar, de este carácter esencial y cualidad general es el estilo un reflejo exacto. El estilo revela la naturaleza formal de todos los pensamientos de una persona que siempre ha de ser igual, cualquiera que sea lo que piense o sobre lo que piense. El estilo es, en cierto modo, la masa con que se modelan todas sus figuras por muy diferentes que éstas puedan ser.

Eulenspiegel *, al caminante que le había preguntado cuánto tiempo tardaría en llegar hasta la próxima aldea, le dio una respuesta aparentemente absurda. «¡Camina!», le contestó; con intención de calcular, según su paso, cuánto andaría en un tiempo determinado. De modo semejante, yo leo un par de páginas de un autor y sé aproximadamente hasta dónde me podrá llevar.

En el fondo, consciente de esto, todo escritor mediocre trata de enmascarar su estilo propio y natural. Esto le obliga, en primer lugar, a renunciar a toda *espontaneidad;* con ello esta cualidad se convierte en privilegio reservado a los espíritus superiores, conscientes de

---

* Till Eulenspiegel, personaje legendario de origen alemán, al que se atribuyen numerosas bromas y aventuras. Representa a la gente del campo frente a los artesanos y burgueses de la ciudad, llenos de vanidad. Su broma favorita consiste en ejecutar al pie de la letra las órdenes que le dan, sin intentar comprender la intención. Aparte de diversas obras literarias que sobre el tema existen, Richard Strauss escribió, en 1895, un poema sinfónico, *Till Eulenspiegels lustige Streiche* («Las travesuras de Till Eulenspiegel»), en forma de rondó. *(N. del T.)*

sí mismos que, por consiguiente, avanzan con paso seguro.

Las cabezas triviales son absolutamente incapaces de arriesgarse a escribir como piensan, pues creen que, si lo hacen, su escrito tendría un aspecto muy simple. Y, sin embargo, tendría su valor. Si se contentaran con ponerse sinceramente a la obra y comunicar simplemente las pocas y corrientes ideas que han pensado, y tal como las han pensado, serían legibles e incluso instructivos dentro de su propia esfera.

Pero, en lugar de esto, tratan de dar la apariencia de que han pensado más y más profundamente de lo que en realidad ha sido.

Por esta razón, lo que tienen que decir lo presentan en frases forzadas y difíciles, con ayuda de palabras nuevas, con periodos prolijos que giran y giran en torno a la idea y la esconden. Se balancean entre la doble tentativa de comunicarla y de ocultarla. Quisieran revestirla de forma que tenga un aire sabio y profundo para dar la impresión de que encierra mucho más de lo que, en el momento, se ve.

Por eso, unas veces, lanzan sus pensamientos sobre el papel por fragmentos, en cortas sentencias, ambiguas o paradójicas, que parecen significar mucho más de lo que dicen (Schelling ofrece magníficos ejemplos de esto en sus escritos sobre filosofía de la naturaleza); otras veces, presentan sus pensamientos en un torrente de palabras, con la más insoportable prolijidad, como si fueran necesarios esfuerzos milagrosos para hacer comprensible su profundo sentido cuando se trata de una idea bien simple si es que no es una trivialidad. (Fichte en sus escritos populares y cientos de miserables imbéciles, que no vale la pena mencionar, en sus manuales filosóficos ofrecen ejemplos en abundancia); o bien, se esfuerzan por escribir en un género particular que han querido adoptar y consideran distinguido, por ejemplo, un estilo κατ' εξοχην *(por antonomasia)* científico y profundo, donde el lector es martirizado por el efecto narcótico de largos y enrevesados periodos vacíos de sentido. (Ejemplos de esto encontramos de modo particular entre los hegelianos, los más descarados de los mortales, en su revista comúnmente conocida como «Anuario de la literatura científica»); o bien, se han propuesto una manera tan artificiosa de escribir que parecen pretender aparecer como locos, etcétera.

Todos esos esfuerzos con que tratan de retrasar el *nascetur ridiculus mus* (nacerá un ridículo ratón, Horacio, de *Arte poética,* 139) hacen con frecuencia difícil descubrir en su obra qué es lo que realmente quieren expresar. Escriben también palabras y frases enteras en las que no ponen ningún pensamiento propio, esperando que algún otro, al leerlas, pensará algo.

El motivo de todos estos esfuerzos no es otro que la aspiración incansable que busca siempre nuevos métodos para vender palabras en lugar de pensamientos y, por medio de expresiones, giros de palabras y combinaciones de toda clase, nuevos o empleados en un nuevo sentido, producir la apariencia de talento, para suplir la falta, tan dolorosamente sentida, del mismo.

Es divertido ver cómo, para lograr este objetivo, se busca, bien una manera, bien otra: se utilizan como una máscara destinada a representar el talento. Esta máscara puede engañar a los inexpertos durante un tiempo hasta que es reconocida como una cosa muerta que es, se considera risible y se cambia por otra. Estos autores usan en un momento dado el tono ditirámbico como si estuvieran ebrios y, de repente, en la página siguiente despliegan un saber pomposo hasta la prolijidad más pesada y minuciosa, con aire de profunda y seria erudición, a la manera del fallecido Christian Wolf, pero con vestiduras modernas.

La máscara que más tiempo aguanta es la de la incomprensibilidad; pero solamente en Alemania, donde, introducida por Fichte, perfeccionada por Schelling, ha alcanzado finalmente su punto culminante en Hegel, y siempre con éxito rotundo.

Sin embargo, nada hay más fácil que escribir de modo que nadie lo entienda, como, a la inversa, nada es más difícil que exponer ideas importantes de modo que todo el mundo las pueda comprender. Lo muy *abstruso* es pariente de lo *absurdo* y, sin duda, es infinitamente más probable que encierre una mistificación que una intuición profunda. Todos los artificios antes mencionados resultan innecesarios cuando realmente el autor tiene talento. Esto le permite revelarse tal cual es y confirma en todo tiempo la sentencia de Horacio:

Scribendi recte sapere est et principium et fons.
(El pensar bien es el principio y la fuente para escribir bien.)

(De *Arte poética,* 309)

Los mencionados escritores, en cambio, actúan como ciertos orfebres que ensayan cien composiciones diversas para sustituir al oro, el único metal enteramente insustituible. Pero de nada debería guardarse tanto un

113

autor como de querer mostrar que tiene más talento del que, en realidad, tiene, ya que esto despertará en el lector la sospecha de que posee muy poco, pues en cualquier arte tan sólo se afecta tener aquello que, en realidad, no se posee. Así pues, es un elogio cuando se llama «ingenuo» a un escritor. Eso significa que puede permitirse el mostrarse tal cual es. En general, la ingenuidad tiene un atractivo; lo artificioso provoca rechazo.

De hecho, todo gran pensador se esfuerza por expresar sus ideas del modo más puro, claro, seguro y breve posible. Por esta razón, la sencillez ha sido siempre un atributo no sólo de la verdad, sino también del genio. El estilo recibe su belleza del pensamiento que expresa; pero, en el caso de estos pretendidos pensadores, los pensamientos han de ser embellecidos por el estilo. El estilo, después de todo, no es más que la silueta del pensamiento. Escribir de modo poco claro o mal significa pensar de modo turbio y confuso.

La primera regla, pues, para un buen estilo —y que casi basta por sí sola— es que *uno tenga algo que decir.* Y con ella se va lejos. La inobservancia de esta regla es un rasgo característico de los filósofos y, en general, de todos los escritores de ideas en Alemania, sobre todo desde Fichte. Se puede señalar de todos ellos que parecen querer decir algo, cuando no tienen nada que decir. Esta manera de escribir, introducida por los seudofilósofos de las universidades, puede observarse de modo generalizado, aun en las primeras notabilidades literarias del tiempo presente. Ésta es la fuente del estilo forzado, vago, ambiguo, polivalente, así como del estilo prolijo y cargado, del *stile empesé;* igualmente, del torrente inútil de palabras y, finalmente, del ocultamiento de la más deplorable indigencia de pensamiento bajo una palabrería infatigable y ensordecedora como una matraca. Uno puede estar leyendo durante horas enteras sin descubrir un solo pensamiento claramente expresado y definido. De esta manera de escribir y este arte, ofrecen excelentes modelos, casi a cada página, los malafamados «Jahrbücher» (Anuarios) de Halle, después llamados «Deutsche Jahrbücher» (Anuarios Alemanes).

El que tiene que decir algo que vale la pena de ser dicho no tiene que esconderlo en preciosismos, frases difíciles y oscuras sugerencias; puede enunciarlo de un modo simple, claro e ingenuo, estando seguro de que el efecto no fallará. Por consiguiente, el que utiliza los artificiosos métodos, antes señalados, está delatando su pobreza de ideas, de talento y de conocimientos.

Entre tanto, la dejadez alemana se ha habituado a leer página por página estos fárragos, sin saber exactamente qué es lo que el autor quiere decir. La gente se imagina que así es como tiene que ser y no descubre que escriben únicamente por escribir.

Un buen escritor, rico en ideas, en cambio, gana pronto la confianza de sus lectores como alguien que seriamente, realmente, *tiene algo que decir* cuando habla, y esto da al lector inteligente la paciencia de seguirlo con atención. Un escritor de esta clase, precisamente porque él tiene realmente algo que decir, se expresará siempre de la forma más simple y más directa porque su objetivo es despertar también en el lector el mismo pensamiento que, en ese momento, tiene en su mente y no otro. Por eso, podrá decir con Boileau:

Ma pensée au grand jour partout s'offre et s'expose,
Et mon vers, bien ou mal, dit toujours quelque chose.
(Lo que pienso sale abiertamente a plena luz,
y mi verso, bien o mal, siempre dice algo.)

(*Epître IX*, al Marqués de Seignelay)

En cambio, otro verso del mismo poeta:

Et qui parlant beaucoup ne disent jamais rien.
(Hablan mucho y nunca dicen nada.)

puede aplicarse a los escritores de que antes hemos hablado. Una característica de los mismos es, también, que evitan, lo más posible, las expresiones *precisas,* comprometidas, decididas, para que, en caso necesario, haya siempre abierta una puerta trasera de salida. Por lo tanto, prefieren las expresiones *más abstractas,* en tanto que los escritores de talento prefieren las más concretas, porque éstas facilitan la visión directa de las cosas que es la fuente de toda evidencia.

Innumerables ejemplos prueban esta predilección por lo abstracto. Uno particularmente ridículo es el uso que los escritores alemanes en la última década vienen haciendo casi siempre del verbo «*condicionar*» en lugar de «causar» o «provocar», porque, siendo una palabra más indeterminada y abstracta, dice menos (dice que algo no pudo suceder «sin eso», en lugar de decir que algo sucedió «por causa de eso») y así deja siempre abierta una pequeña puerta de salida que gusta a aquellos a quienes la conciencia secreta de su incapacidad infunde un constante temor a las expresiones *precisas.*

Otras veces es, simplemente, el efecto de la tendencia nacional a imitar inmediatamente en literatura toda estupidez y en la vida toda torpeza, y esta tendencia se demuestra por la rápida propagación de una y otra. Mientras que los ingleses se dejan guiar en lo que escriben y en lo que hacen por su propio juicio, a nadie se podrá aplicar este elogio menos que a los alemanes. Como consecuencia del fenómeno indicado, las palabras «causar» y «provocar» han desaparecido casi totalmente del lenguaje de los libros en los últimos diez años y se habla solamente de «condicionar». El hecho es digno de mención por ser tan característicamente ridículo.

La falta de espíritu en las obras de autores vulgares, y el tedio que provocan, pueden atribuirse al hecho de que siempre hablan tan sólo enterados a medias, es decir, que ellos mismos no entienden el sentido de sus propias palabras y éstas son una cosa aprendida y ya confeccionada que han puesto en la memoria. Por eso, van enhebrando, más que palabras, frases enteras *(phrases banales)*.

De aquí deriva la falta patente, que los caracteriza, de ideas netamente acuñadas; precisamente porque carecen del troquel que marcaría en éstas el sello apropiado: el pensar autónomo y claro, y eso es lo que no tienen.

En su lugar encontramos un tejido de palabras, indefinido y oscuro, frases banales, locuciones gastadas y expresiones a la moda *. El resultado es que el nebuloso borro-

---

* Con las expresiones acertadas, las frases originales y los giros de expresión felices, sucede lo mismo que con los trajes: cuando son nuevos, relucen y hacen gran efecto. Pero enseguida son muy manoseados y, con ello, en poco tiempo aparecen como gastados y sin lustre y no producen ya el menor efecto.

neo de estos escritores es como una página impresa con tipos de imprenta muy gastados.

En cambio, un autor de talento nos habla *realmente* en sus escritos y por este motivo logra divertirnos y animarnos. Sólo el autor de talento combina las palabras individuales con plena conciencia de su significado y las escoge con deliberado propósito. Por consiguiente, su exposición es, respecto a las anteriormente descritas, como un cuadro verdaderamente pintado respecto a uno hecho con un molde. En el primero hay en cada palabra, como en cada pincelada, una intención especial; en el segundo caso, todo está hecho de modo mecánico *. La misma diferencia se puede observar en la música. Siempre y en todas partes, es la omnipresencia del espíritu lo que caracteriza las obras del genio; lo mismo que, como observa Lichtenberg, el alma de *Garrick* parece estar presente en cada músculo de su cuerpo.

Respecto del *aburrimiento,* que antes mencioné, de ciertos escritos, hay que observar, de modo general, que hay dos clases de aburrimiento: uno objetivo y otro subjetivo. El *objetivo* deriva siempre del defecto señalado, es decir, de que el autor no tiene ideas o conocimientos perfectamente claros que comunicar. El que los posee va en línea directa a su objetivo, que es hacer que otros los compartan; por esta razón presenta los conceptos muy clara-

---

* La *escribiduría de cerebros corrientes* tiene el aire de algo hecho conforme a un *patrón,* es decir, consiste en locuciones y frases hechas, que están de moda en el momento y se ponen en papel sin pensar más. Los cerebros superiores crean cada frase para el caso especial y presente.

mente formulados y, por consiguiente, no es prolijo, ni vacío, ni confuso; es decir, no es aburrido. Incluso aunque su idea fundamental fuese un error. En tal caso, sería algo, de todos modos, claramente pensado y bien ponderado, y sería, al menos, formalmente correcto; con lo que su obra tendría siempre algún valor. En cambio, por las mismas razones, un escrito objetivamente *aburrido* carece siempre de valor.

El aburrimiento *subjetivo,* en cambio, es algo puramente relativo. Su causa está en la falta de interés del tema para el lector, lo cual supone una restricción para su mente. La obra más excelente puede ser subjetivamente tediosa para este o aquel lector; así como, por el contrario, una obra, sin ningún valor en sí, puede ser subjetivamente interesante para quien tenga un interés personal en el tema o en el autor.

Sería provechoso que los escritores alemanes llegaran a la convicción de que, si bien hay que pensar, en lo posible, como un gran espíritu, hay que hablar el mismo lenguaje de los demás: utilizar palabras ordinarias y decir cosas extraordinarias. Pero hacen exactamente lo contrario. Vemos que se esfuerzan en envolver conceptos triviales con palabras grandiosas y revestir ideas que son de lo más corriente con las más extraordinarias expresiones, las fórmulas más rebuscadas, más pretenciosas y más raras. Sus frases caminan siempre sobre zancos. Dado su gusto por la ampulosidad y su estilo hinchado, pretencioso, hiperbólico y acrobático, su prototipo es el portabandera a quien su amigo Falstaff un día, cargado de impaciencia, grita: «Di lo que tienes que decir, como un hombre «de este mundo!» (Shakespeare, *Enrique IV,* II, 5, 3).

Para *stile empesé* no existe en alemán una expresión que la refleje con exactitud, a pesar de ser un hecho de lo más frecuente. Cuando va unido al preciosismo, es en literatura lo que, en las relaciones sociales, la gravedad afectada, los grandes aires o la pose, y resulta no menos insoportable. La pobreza intelectual gusta vestirse de tales atuendos como, en la vida ordinaria, los necios se revisten con aires de gravedad y formalismo.

El que escribe con estilo afectado se asemeja al que se engalana de forma recargada para no ser confundido con la plebe y ser puesto a ese mismo nivel; peligro que no corre jamás el *gentleman,* aun en sus trajes más modestos. Al tipo plebeyo se le reconoce por cierto aire relamido y engalanado, y a un cerebro vulgar se le reconoce por su estilo rebuscado.

No obstante, seguiría un falso camino el autor que tratase de escribir exactamente como se habla. Más bien todo estilo escrito debe guardar rasgos de parentesco con el estilo lapidario que es, en realidad, el predecesor de todos los estilos. Querer escribir como se habla es tan condenable como lo contrario, es decir, querer hablar como se escribe; lo cual resulta pedantesco y hasta difícil de comprender.

La oscuridad y vaguedad en la expresión son siempre un pésimo signo. En noventa y nueve casos de cien se debe a la falta de claridad del pensamiento mismo, la cual deriva, a su vez, casi siempre de que originariamente es incorrecto e inconsistente, es decir, que es equivocado. Cuando un pensamiento correcto surge en la mente, busca enseguida la claridad y pronto la encontrará. Lo que es claramente concebido encuentra fácilmente la expresión adecuada. Lo que un hombre es capaz de pensar puede siempre expresarlo en términos claros, comprensibles y no ambiguos. Los escritores que enmarañan frases difíciles, oscuras, enrevesadas y ambiguas, en realidad, no saben bien lo que quieren decir; tienen tan sólo un barrunto borroso que está todavía tratando de convertirse en idea. Con frecuencia, quieren también ocultar a sí mismos y a los demás que, en realidad, no tienen nada que decir. Quieren, como Fichte, Schelling y Hegel, dar la apariencia de que saben lo que no saben, piensan lo que no piensan y dicen lo que no dicen. Si alguien tiene algo serio que comunicar, ¿se esforzará por exponerlo de modo claro o de modo oscuro? Ya dijo Quintiliano: *Plerumque accidit ut faciliora sind ad intelligendum et lucidiora multo, quae a doctissimo quoque dicuntur... Erit ergo etiam obscurior, quo quisque deterior.*

«Ordinariamente sucede que las cosas dichas por un hombre muy instruido son mucho más fáciles de entender y mucho más claras... Y uno será tanto más oscuro cuanto menos vale.» (*Instit.*, lib. II, c. 3.)

Igualmente, no debe expresarse uno de modo *enigmático*, sino saber si quiere decir una cosa o no. Es esa indecisión en el estilo lo que hace a los escritores alemanes tan indigestos. Los únicos casos que constituirían una excepción a esta regla son aquellos en que, por alguna razón, hay que decir algo que no nos permiten decir.

Todo exceso produce generalmente lo opuesto de lo que se había pretendido. Las palabras, es cierto, sirven para hacer comprensibles los pensamientos. Pero sólo hasta cierto punto. Acumuladas sobremedida hacen más y más oscuras las ideas a comunicar. Encontrar el punto adecuado es la tarea del estilo y concierne a la facultad de juicio. En este sentido, dice Voltaire: *«L'adjectiv est l'en-nemi du substantiv»* (El adjetivo es el enemigo del sustantivo. *Discurso sobre el hombre*, 6).

Pero, en realidad, son muchos los escritores que tratan de ocultar su pobreza de pensamientos propios con un aluvión de palabras. Hay que evitar, por consiguiente, toda redundancia y no intercalar en el discurso observaciones que no valen la pena de ser leídas. El que escribe ha de ahorrar al lector tiempo, esfuerzo y paciencia y, de esta forma, ganará su confianza de que lo que se le ofrece merece una lectura atenta y recompensa su esfuerzo. Siempre es mejor omitir algo bueno que añadir una cosa que no dice nada. El dicho de Hesíodo: πλεον ἡμισυ παντος (La mitad es preferible al todo, *Los trabajos y los días*, v. 40) encuentra aquí su justa aplicación. En resumen, ¡no es preciso decir todo! *Le secret pour être ennuyeux, c'est de tout dire.* (El secreto de ser aburrido consiste en querer decir todo. Voltaire, *Discurso sobre el hombre*, 6, 172.)

Por consiguiente, siempre que sea posible, sólo quintaesencias, sólo cosas fundamentales y no decir nada de aquello que el lector puede pensar también por sí solo. Utilizar muchas palabras para comunicar pocas ideas es, en todas partes, un signo infalible de mediocridad. El signo, en cambio, de una cabeza eminente es saber encerrar muchos pensamientos en pocas palabras.

La verdad desnuda es la más bella, y su impacto será tanto más profundo cuanto más simple la forma de expresión. En parte, porque así absorbe, sin obstáculos, el alma entera del oyente, sin ideas accesorias que lo distraigan;

en parte, porque éste no se siente sobornado o engañado por artificios retóricos, sino que todo el efecto procede de la cosa misma. Por ejemplo, ¿qué declamación sobre la vanidad de la existencia humana podría ser más impresionante que estas palabras de Job?: *Homo natus de muliere, brevi vivet tempore, repletus multis miseriis, qui, tanquam flos, egreditur et conteritur, et fugit velut umbra.* (El hombre, nacido de mujer, vive corto tiempo y lleno de miserias, brota como una flor y luego se marchita, huye como sombra y desaparece, 14, 1.)

Por esta misma razón, la poesía ingenua de Goethe es incomparablemente superior a la poesía retórica de Schiller. Y de ahí también el potente efecto de muchos cantos populares. Lo mismo que en arquitectura hay que evitar un ornato sobrecargado, en el arte de la palabra hay que ponerse en guardia contra todo adorno retórico no necesario, contra todas las amplificaciones superfluas y, en general, contra toda sobreabundancia en la expresión; en una palabra, hay que buscar un estilo *casto*. Todo lo que es superfluo produce un efecto nocivo. La ley de la simplicidad y la ingenuidad, que es compatible con los más sublimes contenidos, es aplicable a todas las bellas artes.

La *falta de espíritu* adopta todo tipo de formas para ocultarse tras ellas. Se reviste de énfasis y ampulosidad, toma un aire de superioridad y distinción y otras cien formas. Únicamente no adopta la *ingenuidad;* porque enseguida se vería su disfraz y, ante los demás, aparecería como pura estupidez y necedad. Incluso un buen cerebro no deber ser netamente ingenuo porque resultará como seco y descarnado. Por tanto, la *ingenuidad* quedaría como la indumentaria de honor del genio; así como la desnudez lo es de la belleza.

La auténtica concisión de la expresión consiste en saber decir, en todo caso, solamente lo que es digno de ser dicho, evitando todas las explicaciones prolijas de aquello que cada uno puede pensar por sí mismo y distinguiendo exactamente lo necesario de lo superfluo. Por otra parte, nunca hay que sacrificar la claridad, y con mayor razón la gramática, a la concisión. Debilitar la expresión de un pensamiento, o bien, oscurecer el sentido de una frase para ahorrarse unas palabras, es una deplorable falta de buen sentido. Es precisamente esta falsa concisión lo que está hoy de moda, y que consiste en omitir aquello que sirve al objetivo, e incluso lo que es necesario desde el punto de vista de la gramática o de la lógica.

En Alemania, los malos escritores de nuestros días están poseídos de este afán de la concisión como de una manía y lo ejercen de un modo increíblemente insensato. No solamente, para economizar una palabra y matar dos pájaros de un tiro, se sirven de un solo verbo o un solo adjetivo que valga, a la vez, para varios periodos diferentes, y hasta con distintos sentidos, que hay que leer sin entenderlos, y como palpando en la oscuridad, hasta que, al final, llega la última palabra y nos abre los ojos. También practican, en otros muchos aspectos, una economía de palabras absolutamente inoportuna, tratando de conseguir lo que su mente simplista entiende por brevedad de expresión y concisión de estilo. Así, al economizar una palabra, que de un golpe hubiera derramado luz sobre todo un periodo, convierten a éste en un enigma que el lector ha de aclarar con repetidas lecturas.

.... *.

Con esta *torpe manera* de podar sílabas por todas partes, todos los malos escritores *desfiguran* hoy la lengua alemana de tal manera que no se podrá ya recomponer. Estos autonombrados reformadores del idioma deberían, sin excepción de personas, ser vapuleados como escolares. Toda persona inteligente y bien intencionada tomará partido conmigo en favor de la lengua alemana contra la imbecilidad alemana.

Este arbitrario y hasta insolente tratamiento del idioma, que hoy en día se permiten estos chapuceros de la pluma en Alemania, ¿cómo sería acogido en Inglaterra, en Francia o en Italia, país digno de envidia por su *academia de la crusca*? Véase, por ejemplo, en la *Vida de Benvenuto Cellini*, que forma parte de la *Biblioteca de' Classici italiani* (Milano, 1804 sgg., tomo 142), con qué cuidado el editor critica y examina enseguida en nota lo que se aparta, por poco que sea, del puro toscano, aunque sólo se trate de una letra. Los editores de *Moralistes français* (1838) proceden de la misma manera. Por ejemplo, Vauvenargues escribe: *Ni le dégout est marque de santé, ni l'appétit est une maladie* (Ni la falta de apetito es una señal de

---

* Aquí entra Schopenhauer en un largo examen de ciertas partículas, preposiciones y expresiones alemanas, de las que, en su opinión, se hace en la práctica un uso gramaticalmente incorrecto, con lo cual se desvirtúan las posibilidades expresivas del lenguaje.

Aunque, sin duda, de gran interés para el lector familiarizado con la lengua alemana e interesado en germanística, en la presente traducción al español, dirigida a un público no necesariamente especializado, omitimos este pasaje. *(N. del T.)*

salud ni el apetito es una enfermedad. *Réflexions et Maximes*, n.º 148), y el editor puntualiza inmediatamente que debería decir: n'est. Entre nosotros cada cual escribe como quiere. Cuando Vauvenargues escribe: *La dificulté est à les connaître...* (La dificultad consiste en conocerlos), el editor señala en nota: *Il faut, je crois* (Habría que decir, en mi opinión) *de les connaître.* En un periódico inglés he visto ásperamente criticado un orador porque había dicho: *my talented friend* (mi talentoso amigo) por no ser expresión inglesa; y, sin embargo, se emplea *spirited* de *spirit.* Tan estrictas son estas naciones en lo referente a su idioma *.

En cambio, cualquier escritorzuelo alemán fabrica, sin el menor escrúpulo, una palabra inaudita cualquiera y, en lugar de ser vapuleado en las revistas literarias, es aplaudido y encuentra seguidores. Ningún escritor, ni el más mezquino emborronador de cuartillas, vacila en emplear un verbo en un sentido que jamás le ha sido atribuido; con tal de que el lector pueda de algún modo adivinar lo que pretende decir, esto pasa por una idea original y encuentra imitadores **.

---

* Esta severidad de los franceses, ingleses e italianos no es, en modo alguno, pedantería sino prudencia, a fin de que no suceda que cualquier chicuelo emborronador de tinta pueda profanar el santuario nacional de la lengua, como sucede en Alemania.

** Lo peor es que contra tales destrozos del idioma, que vienen normalmente de los bajos fondos de la literatura, no existe en Alemania ninguna oposición: nacidas generalmente en los periódicos políticos, pasan esas palabras, mutiladas o mal usadas a propósito, sin encontrar obstáculo y con todos los honores, a las revistas científicas y a todos los libros publicados por las universidades y academias. Nadie

Sin la menor consideración por la gramática, el uso lingüístico, el buen sentido y la inteligencia humana, cualquier necio escribe lo que le viene a la cabeza. Y cuanto más insensato sea, ¡tanto mejor! Hasta he leído Centro-Amerika en lugar de Central-Amerika. De nuevo se ha ahorrado una letra a costa de las mencionadas posibilidades de la lengua. En suma, el alemán odia, en todas las cosas, el orden, la regla y la ley: ama el arbitrio individual y su propio capricho, aderezados con una dosis de insípida equidad, según su agudo juicio. Por eso, dudo que los alemanes puedan jamás aprender, como indefectiblemente hacen los ingleses en los tres Reinos Unidos y en todas las colonias, a guardar siempre la derecha en las calles, carreteras y caminos, por más que las ventajas de este método salten a los ojos. Paralelamente, en corporaciones sociales, clubes y círculos semejantes, se puede constatar con qué satisfacción, y sin la menor ventaja para su como-

---

presenta resistencia, ninguno se siente llamado a defender la lengua, sino que todos compiten por participar en esa conjura. El verdadero *hombre culto,* en sentido estricto, debe reconocer su misión y empeñar su honor en oponerse, por todos los medios, a todo género de error y engaño y ser el dique donde se detiene el torrente de locura de cualquier clase y no compartir la ofuscación del vulgo ni participar en todas sus insensateces sino, siempre avanzando con la luz de conocimiento científico, iluminar a los demás con la verdad y la profundidad. *En esto consiste la dignidad del hombre culto.* Nuestros profesores, en cambio, opinan que consiste en títulos de consejero de la corte y en bandas honoríficas, con lo cual se ponen al mismo nivel de los funcionarios de correos y de los otros incultos servidores del Estado. Todo hombre culto debe desdeñar tales títulos y, a su vez, mantener cierto orgullo en cuanto pertenece al rango teórico, es decir, puramente intelectual, frente a todas las cosas prácticas que sirven a las necesidades materiales.

didad, muchos contravienen con petulancia las más razonables reglas de las relaciones sociales. Como dice Goethe:

Nach seinem Sinne leben ist gemein:
Der Edle strebt nach Ordnung und Gesetz.

(El vulgar vive según su capricho,
el noble aspira al orden y a la ley.)

(Escritos póstumos, vol. 17, p. 297)

Es una manía universal. Todos usan su piqueta en la tarea de demoler la lengua sin consideración y sin piedad. Como en el tiro de pichón, cada uno trata de abatir una pieza donde y como puede.

En una época en que en Alemania no existe un solo escritor cuya obra podamos esperar que sobreviva, se permiten los fabricadores de libros, literatos y escritores de periódicos querer reformar la lengua, y vemos que la generación actual, impotente a pesar de su larga barba, es decir, incapaz de toda producción intelectual elevada, se dedica, en los ratos de ocio, a mutilar, del modo más petulante y descarado, la lengua en que han escrito los grandes autores, para procurarse así una fama de Eróstratos *.

En otros tiempos, los corifeos de la literatura se permitían, a título particular, en algún punto concreto, mejo-

---

* Eróstrato, en griego Heróstratos, natural de Éfeso, para inmortalizar su nombre, incendió el templo de Artemisa de su ciudad natal la misma noche en que nació Alejandro Magno, 21 de julio de 356 a. de J. C. *(N. del T.)*

rar la lengua en virtud de meditaciones serias. Hoy, todo emborronador de cuartillas, todo periodista, todo redactor de cualquier revistilla de estética, se siente autorizado a poner su garra en el idioma para desechar, según su capricho, lo que no le agrada o para introducir nuevas palabras.

La furia de estos castradores del idioma se revuelve principalmente, como se ha dicho, contra los prefijos y sufijos de todas las palabras. Lo que buscan con esta amputación es evidente: la concisión y, con ella, el relieve y mayor energía en la expresión, pues lo que se ahorran en papel es, en definitiva, demasiado irrisorio. Quisieran reducir lo más posible lo que tratan de decir. Pero, para este fin, se requiere otro procedimiento completamente distinto de el de recortar las palabras.

Hay que *pensar* de una manera rigurosa y concisa, y precisamente esto no le es dado a cualquiera.

La concisión contundente, la energía y vigor de la expresión son únicamente posibles si la lengua tiene para cada concepto una palabra y, para cada modificación, y aun para cada matización de este concepto, una modificación correspondiente en las palabras. Tan sólo esta modificación empleada de modo estricto permitirá que todo periodo, apenas enunciado, despierte en el oyente exactamente la idea que trata de exponer el que habla, sin dejarlo un solo instante en duda sobre lo que ha intentado decir. A tal fin, cada palabra-raíz de un idioma debe ser un *modificabile multimodis modificationibus* (un modificable con muchas modificaciones posibles) para poderse adaptar como un paño mojado a todos los matices del concepto y, por consiguiente, a todas las finuras del pensamiento. Y esto será posible, principalmente, con los prefijos y los sufijos. Ellos son las modulaciones de cada concepto radical en el teclado del idioma.

Por este motivo, los griegos y romanos han modulado y matizado, mediante prefijos, el significado de casi todos los verbos y de muchos sustantivos.

Se puede esclarecer esto con ejemplos de cualquier verbo principal latino. Así, el verbo *ponere* se modifica en *imponere, deponere, disponere, exponere, componere, adponere, subponere, superponere, seponere, praeponere, proponere, interponere, transponere*, etc.

Lo mismo puede verse en la lengua alemana: el sustantivo *Sicht*, por ejemplo, se modifica en *Aussicht, Einsicht, Durchsicht, Nachsicht, Vorsicht, Hinsicht, Absicht*, etc. O bien, el verbo *suchen* se modifica en *aufsuchen, aussuchen, untersuchen, besuchen, ersuchen, versuchen, heimsuchen, durchsuchen, nachsuchen*, etc.*

Tal es el papel de los prefijos. Si, en aras de la brevedad, se los suprime y, en lugar de la modificación apropiada, se dice solamente *ponere*, o *Sicht*, o *suchen*, todas las determinaciones más precisas de un concepto-base muy amplio quedarán sin señalar y la comprensión de la frase se deja a Dios y al lector. Al mismo tiempo, la lengua se vuelve pobre, tosca y ruda. Sin embargo, éste es precisamente el método de los ingeniosos reformadores de la lengua de la época «actual». Romos e ignorantes, se imaginan que nuestros juiciosos antepasados habían añadido los prefijos inútilmente y por pura necedad y pien-

---

* *Führen: mitführen, ausführen, verführen, einführen, aufführen, abführen, durchführen.*

san que, por su parte, es un gesto genial el quitarlos, con rapidez y gran celo, en todas partes donde encuentran uno; cuando, en realidad, no existe un solo prefijo que no tenga un significado en la lengua, ninguno que no sirva para guiar al concepto-base a través de todas sus modulaciones y, precisamente de este modo, hacer posible la precisión, claridad y elegancia de la expresión que le prestan energía y relieve.

En cambio, amputando los prefijos, de muchas palabras se hace una sola y se empobrece la lengua. Más aún, de este modo se pierden no sólo palabras sino también conceptos, pues faltan los medios para fijarlos y hay que contentarse al hablar, e incluso al pensar, con un «à peu près» que priva al estilo de vigor y al pensamiento de claridad. No es posible reducir el número de palabras, como sucede con esa amputación, sin ampliar, al mismo tiempo, el significado de las que quedan y, a su vez, esta ampliación no es posible sin quitar al significado su sentido preciso y, por tanto, sin favorecer la ambigüedad y la oscuridad. Con ello, toda precisión y claridad de la expresión, para no hablar de la energía y el relieve de la misma, se hará imposible. Una ilustración de lo que aquí se dice nos la ofrece la ampliación, antes señalada, del significado de la palabra «nur» que genera ambigüedad y un sentido erróneo de la expresión. Importa, pues, bien poco que una palabra tenga dos sílabas más si esas dos sílabas precisan mejor una idea. Parecerá increíble, pero hay torcidos cerebros que escriben *indiferencia* donde quieren decir *indiferentismo;* ¡para ganar estas dos sílabas!

Estos prefijos que dirigen una palabra-raíz a través de todas las modificaciones y matices de su aplicación son, por ello, un medio indispensable de toda claridad y toda precisión en el lenguaje y, por consiguiente, de una genuina concisión, energía y relieve del estilo. Lo mismo puede decirse de los sufijos y de las diferentes sílabas finales de sustantivos derivados de los verbos, como hemos expuesto anteriormente con el ejemplo de *Versuch* y *Versuchung,* etc. Así, los dos modos de modulación de palabras y de conceptos han sido repartidos en la lengua y aplicados a las palabras por nuestros antecesores con gran sentido y sabiduría y con el tacto que ello requería.

Pero a nuestros antepasados ha seguido en nuestros días una generación de emborronadores de cuartillas, ignorantes e incapaces que, uniendo sus esfuerzos, consideran como su profesión destruir esa antigua obra de arte, dilapidando las palabras. Estos paquidermos no tienen, naturalmente, ninguna sensibilidad para los medios artísticos, cuya finalidad es servir de expresión a pensamientos finamente matizados. ¡Ah! ¡Pero son muy diestros en contar las letras!

Si uno de estos paquidermos tiene que elegir entre dos palabras, de las cuales una, gracias al prefijo o sufijo, responde con precisión al concepto que quiere expresar y la otra no lo representa más que vagamente y en general, pero cuenta con tres letras menos, él utilizará, sin duda, esa última y se contentará con el sentido del «à peu près». Su pensamiento no requiere esas finuras; cualquier cosa aproximativa vale. Pero, ante todo, ¡pocas letras! En esto consiste la concisión, la fuerza de expresión, la belleza del lenguaje. Si, por ejemplo, tiene que decir: «Esto no está disponible», dirá: «No hay esto» para economizar letras. Su máxima, por excelencia, es sacrificar constantemente la propiedad y exactitud de una expresión a la brevedad de otra que deberá ser su sustituto. Así nacerá poco a poco una jerga de lo más insípido y, finalmente, ininteligible; de suerte que la única preeminencia real que la nación alemana detenta sobre las otras naciones europeas, su lengua, será estúpidamente anulada.

La lengua alemana es, en efecto, la única en que se puede escribir casi tan bien como en griego y en latín; elogio que no se puede dirigir, sin caer en ridículo, a las otras lenguas principales de Europa que no son más que simples dialectos. Precisamente por esta razón, en comparación con éstas, la lengua alemana tiene algo tan extraordinariamente noble y elevado. Pero ¿cómo el paquidermo en cuestión tendrá el sentimiento de la delicada esencia de una lengua, de este material tan precioso y tierno, dado a los espíritus que piensan para poder plasmar y conservar un pensamiento delicado? Y sin contar letras, que es tarea digna de paquidermos! Hay que ver cómo se solazan en la destrucción de la lengua estos nobles hijos de la «época actual». No hay más que mirarlos. Cabezas calvas, barba larga, cristal de gafas, en lugar de ojos; un cigarro en su boca animalesca como sustituto de los pensamientos; en la espalda una talega, en lugar de chaqueta; agitación de acá para allá, en lugar de aplicación; arrogancia, en lugar de ciencia; desfachatez y espíritu de intriga, en lugar de méritos*.

_____

* Hasta hace cuarenta años, la viruela se llevaba consigo a dos quintas partes de los niños, es decir, a todos los débiles, y tan sólo perdonaba a los más fuertes, que habían superado esta prueba de fuego. La vacuna ha tomado a los primeros bajo su protección. Mirad ahora a tantos que, como enanos de larga barba, por todas partes corren entre las piernas de los demás y cuyos padres se han mantenido en vida gracias a la vacuna.

Noble «época actual», magníficos epígonos, amamantados en la ubre materna de la filosofía hegeliana. Vosotros queréis, para recuerdo eterno, imprimir vuestras garras en nuestra vieja lengua a fin de que su impronta conserve para siempre, a modo de icnolito, la huella de vuestra vacía y obtusa existencia. *Dî Meliora.* ¡Fuera de aquí, paquidermos, fuera! *¡Ésta es la lengua alemana!* En esta lengua se han expresado *hombres,* han cantado grandes poetas y escrito grandes pensadores. ¡Fuera las garras! —o tendréis que pasar hambre. (Esto es lo único que los asusta.)

También la puntuación ha sido víctima del aquí criticado «actual» mejoramiento para mal de la lengua, por parte de pícaros salidos demasiado pronto de la escuela y que han crecido en la ignorancia. La lengua está tratada en nuestros días, casi de modo general, con una negligencia buscada y satisfecha de sí misma. Es difícil decir qué es lo que, en realidad, los escritores se proponen con esto. Probablemente esta locura quiere representar una *légèreté* a la francesa, o bien, hacer constar o dejar presuponer su facilidad en la creación literaria. Los signos tipográficos de puntuación son tratados, de hecho, como si fueran de oro. Se omiten cerca de tres cuartos de las comas necesarias (¡y que encuentre su orientación el que pueda!). Donde habría que poner un punto no hay más que una coma o, a lo sumo, un punto y coma. La consecuencia más inmediata de esto es que hay que leer dos veces cada periodo. Pero en los signos de puntuación reside una parte de la lógica de cada periodo, en cuanto está marcada por dichos signos.

Esa intencionada negligencia, de que aquí se trata, es, además, sacrílega, sobre todo si, como hoy sucede con frecuencia, es practicada, *si Deo placet* (Dios lo consiente), por los mismos filólogos, hasta en ediciones de autores antiguos, cuya comprensión resulta, por ello, notablemente más difícil. El mismo Nuevo Testamento no ha quedado inmune en ediciones recientes. Si lo que se pretende, al economizar sílabas y contar palabras, es la concisión para ahorrar tiempo al lector, ese objetivo se conseguiría mejor haciendo que se reconozca inmediatamente, con la correspondiente *puntuación,* qué palabras pertenecen a *un* miembro de la frase y cuáles pertenecen a otro *.

Es evidente que una puntuación poco rigurosa, que se pueden permitir, por ejemplo, la lengua francesa, por razón de la disposición estrictamente lógica y, por ello, lacónica de las palabras, o la lengua inglesa por su pobreza gramatical, no es aplicable a lenguas relativamente originarias que, en cuanto tales, tienen una gramática complicada y docta que permite párrafos más artísticamente elaborados en la construcción: tales lenguas son el griego, el latín y el alemán **.

---

* Los profesores de segunda enseñanza omiten, en sus programas latinos, tres cuartos de las comas necesarias; con lo cual hacen más difícil de entender su ya abrupto latín. Esta gente fatua, evidentemente, se complace en eso. Un verdadero ejemplo de desaliñada puntuación es el *Plutarco* de Sintenis: casi todos los signos de puntuación son omitidos como si, de propósito, quisiera hacer más difícil la lectura.

** Dado que he puesto, y con pleno derecho, estas tres lenguas, una junto a otra, quiero llamar la atención sobre el colmo de la fatua vanidad nacionalística francesa que, desde hace siglos, da materia para reír a toda Europa: he aquí el no va más, *non plus ultra.* En 1857 apareció la quinta edición de un libro destinado a la universidad: *Notions élémentaires de grammaire comparée, pour servir à l'étude des 3 lan-*

135

Para volver a la concisión, elegancia y relieve del estilo, de que aquí tratamos, tales cualidades tienen su fuente únicamente en la riqueza y el valor de las ideas, y eso no tiene nada que ver con la miserable manía de amputar palabras y frases para abreviar la expresión, de lo cual ya hice la correspondiente crítica.

En efecto, los pensamientos sólidos, sustanciosos y dignos de ser escritos, deben suministrar material y contenido suficiente para llenar las frases que los expresan y con perfección gramatical y de léxico en todas sus partes, de suerte que las frases no resulten jamás huecas, insustanciales o ligeras. Así, la exposición será siempre concisa y con relieve ya que, en ella, el pensamiento encuentra su expresión cómoda y comprensible y se despliega y mueve con elegancia. En suma, la clave no está en redu-

---

gues clasiques, rédigé sur l'invitation du ministre de l'instruction publique, p. («Principios elementales de gramática comparada, para el estudio de las tres lenguas clásicas, escrito, a petición del ministro de Instrucción Pública», por...) *Egger, miembro del Instituto, etc. etc.* Y, esto es lo cierto (*Credite posteri!* [¡créelo, oh posteridad!], Horacio, *Carmina,* II, 19, 2) la tercera lengua clásica de que aquí se habla es la *francesa.* Es decir, esa misérrima jerga románica, esa pésima mutilación de palabras latinas, esa lengua que debiera mirar con profundo respeto a su más vieja y más noble hermana, la lengua italiana, esa lengua que tiene como peculiaridad exclusiva el repulsivo sonido nasal *en, on, un,* así como el acento, a modo de hipo, tan indeciblemente odioso, sobre la última sílaba; mientras todas las otras lenguas tienen la penúltima sílaba larga, lo que da un efecto delicado y suavizante; esa lengua en la que no existe metro y en la que solamente la rima, que es básicamente en *é* o en *on,* constituye la forma de la poesía, esta mezquina lengua es presentada aquí como *lengua clásica* al lado del griego y el latín. Yo invoco una risa burlona general de toda Europa para humillar a estos descaradísimos fanfarrones.

cir palabras y formas lingüísticas, sino en agrandar los pensamientos. Lo mismo que un convaleciente enflaquecido debe llenar sus trajes recuperando su anterior corpulencia, pero no buscando un sastre que se los haga más estrechos.

* * *

Un error estilístico, hoy cada vez más frecuente, dada la decadencia de la literatura y el abandono de las lenguas antiguas, y que, en Alemania, se ha hecho endémico, es el *sujetivismo* del estilo. Consiste en que el escritor se contenta con saber él mismo lo que piensa y quiere; el lector se las arreglará como pueda. Sin ocuparse de esto, escribe como si recitase un monólogo, cuando debiera ser un diálogo, y un diálogo en el cual uno debiera explicarse tanto más claramente cuanto no escucha las preguntas del interlocutor.

Precisamente por esta razón, el estilo debe ser no subjetivo sino objetivo y, con este fin, es preciso disponer las palabras de tal forma que obliguen directamente al lector a pensar exactamente lo que el autor ha pensado.

Pero esto sucederá tan sólo si el autor tiene siempre presente que los pensamientos siguen la ley de la gravedad, en el sentido de que corren con más facilidad el camino de la cabeza al papel que del papel a la cabeza y, por eso, hay que ayudarles en este último trayecto con todos los medios a nuestro alcance. Conseguido esto, las palabras tienen un efecto puramente objetivo como un cuadro ejecutado al óleo; el estilo subjetivo, en cambio, no tiene un efecto mucho más seguro que el de las manchas en la pared, en las que sólo aquél, cuya imaginación casualmente excitan, ve figuras; en tanto que los otros no ven más que borrones. La diferencia, de que aquí se habla, se extiende a toda la manera de exponer, pero, con frecuencia, puede demostrarse también en detalles. Por ejemplo, he leído en un libro reciente: «Yo no he escrito para aumentar la masa de libros existentes.» Esto dice exactamente lo contrario de lo que el escritor pretendía y, además, es un absurdo.

* * *

El que escribe descuidadamente confiesa con eso, ante todo, que él mismo no atribuye gran valor a sus pensamientos. De hecho, sólo la convicción de la verdad y de la importancia de nuestras ideas engendra el entusiasmo que se requiere para no dejar de buscar, con incansable constancia, la expresión más clara, más bella y más vigorosa; del mismo modo que, para cosas sagradas o inestimables obras de arte, se adoptan recipientes de plata o de oro. Por eso los autores antiguos, cuyas ideas han continuado viviendo en sus palabras a lo largo de milenios y llevan el título de honor de clásicos, escribieron siempre con gran esmero. Se dice que Platón rehízo siete veces la introducción de su *República*.

Los alemanes, en cambio, se distinguen de las otras naciones por el descuido en su estilo y en su vestimenta, y ambos desarreglos provienen de la misma causa, que tiene su fundamento en el carácter nacional. Como la negligencia en el vestir revela desprecio del público ante el que uno se presenta, así también un estilo malo, descuidado, chapucero, revela un desprecio ofensivo del lector; del que éste se venga, con toda razón, no leyendo.

Pero lo que resulta como broma divertida es ver a los críticos, con el peor de los estilos de escritores a sueldo, juzgar la obra de los otros. Esto causa el mismo efecto que si un juez se sienta en el tribunal con bata de casa y en alpargatas. Con qué esmero, en cambio, están redactados la *Edinburgh Review* y el *Journal de Savants*. Así como yo vacilo en entrar en conversación con un hombre mal y suciamente vestido, dejo de lado un libro cuyo estilo desaliñado me salta inmediatamente a los ojos.

Hasta hace unos cien años, los cultos, sobre todo en Alemania, escribían todavía en *latín*. Una sola incorrección grave en esta lengua hubiera sido una vergüenza. Casi todos se esforzaban en escribirla elegantemente, y muchos lo conseguían. Hoy día, que, liberados de esta cadena, han conquistado la gran comodidad de poder escribir en su lengua materna, se podría esperar que pusieran su empeño en hacerlo con la máxima corrección y la mayor elegancia posible. Esto es así en Francia, Inglaterra, Italia. Pero en Alemania, ¡lo contrario! Garabatean precipitados, como lacayos a destajo, lo que tienen que decir, usando las primeras expresiones que se presentan a sus sucias bocas, sin estilo, sin gramática y sin lógica. A cada paso ponen el imperfecto en lugar del perfecto y del pluscuamperfecto, el ablativo en lugar del genitivo. En vez de emplear todas las preposiciones, adoptan siempre únicamente «für» que, por consiguiente, de seis veces, cinco está mal usada; en suma, cometen todas las asnadas estilísticas que he señalado más arriba.

* * *

Entre las cosas que arruinan la lengua, yo incluyo también el empleo equivocado, cada vez más extendido de la palabra *Frauen* en lugar de *Weiber,* que, una vez más, empobrece la lengua. *Frau* significa *uxor* (esposa) y *Weib: mulier.* (Las adolescentes no son Frauen pero quieren serlo). Poco importa que en el siglo XIII haya existido ya esta confusión o que tan sólo más tarde se haya establecido la distinción. Las *Weiber* no quieren ser llamadas *Weiber* por la misma razón por la que los judíos quieren ser llamados israelitas, los sastres «fabricantes de trajes», los comerciantes confieren a su lugar de trabajo el título de *büreau* y toda gracia o rasgo de ingenio quiere llamarse *humor;* porque se atribuye a la palabra lo que no compete a ella sino a la cosa. No es que la palabra haya desvalorado a la cosa, sino al contrario. Así, dentro de doscientos años, los que tengan interés en ello reclamarán la sustitución de otras palabras. Pero, en ningún caso, puede la lengua alemana, por un capricho femenino, empobrecerse en una palabra. Por esta razón, no cedamos las riendas a las *Weiber* y a sus insípidos literatos en torno a las mesas de té; más bien hay que pensar que el feminismo incontenido o el galanteo nos pueden, al fin, llevar al mormonismo. Sobre todo, lleva la palabra *Frau* algo de antiguo y de gastado y suena como *grau* (gris). Por tanto, *videant mulieres ni quid detrimenti res publica capiat* (cuiden las mujeres que el Estado no sufra daños).

* * *

Pocos escriben como construye un arquitecto que ha esbozado un plan y lo ha elaborado en todos sus detalles;

la mayor parte escribe como se juega al dominó. En este juego, unas veces con intención, otras casualmente, una pieza se adapta a otra; lo mismo sucede con la sucesión y encadenamiento de sus frases. Apenas si saben de modo aproximado cuál será la forma que tendrá el conjunto y adónde tiende todo lo que escriben. Muchos no lo saben y escriben como los pólipos de coral construyen. Un párrafo se añade a otro y se va adelante a donde Dios quiera. La *época actual* es una gran *galopada:* en la literatura se manifiesta por su extrema frivolidad y ligereza.

* * *

El principio fundamental de la estilística debe ser que el hombre puede pensar con nitidez *un solo* pensamiento a la vez. Por tanto, no se le puede pedir que piense dos y, sobre todo, más. Pero esto es lo que pretende el que introduce frases intermedias en las lagunas de un periodo principal desmembrado a este efecto; con lo cual, de una manera innecesaria y caprichosa, confunde al lector. Esto lo hacen, sobre todo, los escritores *alemanes.* El hecho de que su idioma se preste mejor que las otras lenguas vivas a este manejo es algo que demuestra la posibilidad pero no la justifica.

Ninguna prosa se lee con tanta facilidad ni tan agradablemente como la prosa francesa porque, por regla general, está exenta de este defecto. El francés encadena sus pensamientos en el orden más lógico y, sobre todo, más natural y los presenta sucesivamente al lector, que los puede examinar a su comodidad y consagrar su atención toda entera a cada uno de ellos.

El alemán, en cambio, los ensambla uno en otro en un párrafo enmarañado y más enmarañado y aún más enmarañado porque quiere decir seis cosas a la vez, en lugar de presentar una después de otra. Decid lo que tengáis que decir, una cosa tras otra, pero no, al contrario, seis cosas a la vez y de modo confuso. Mientras debería buscar atraer y retener la atención del lector, más bien pretende de éste que, por añadidura, contrariamente a la indicada ley de la unidad de aprehensión, piense a la vez tres o cuatro cosas diferentes y, dado que esto no es posible, que lo piense en rápidas vibraciones sucesivas. De esta forma, sienta las bases de su *stile empesé* que después perfecciona con expresiones preciosistas y altisonantes para decir las cosas más simples y con otros artificios de esta especie.

El verdadero carácter nacional de los alemanes es la *pesadez.* Se muestra en su modo de caminar y en sus gestos, en su lengua, en sus discursos y narraciones, en su modo de entender y pensar; pero, muy especialmente, en su *estilo escrito:* en el placer que les causan los párrafos pesados, largos y complicados, en los cuales, la memoria, por sí sola, durante cinco minutos aprende pacientemente la lección que le es impuesta hasta que, por fin, en la conclusión del párrafo, el entendimiento tira de los hilos y el enigma se resuelve. En todo esto se complacen y, cuando es posible añadir muestras de preciosismo, pomposidad y una σεμνοτης (gravedad) afectada, el autor está en la gloria: pero que el cielo dé paciencia a sus lectores. Ante todo, cuidan mucho de que la expresión sea siempre lo más indecisa e indeterminada posible; lo que hace que todo aparezca como envuelto en niebla.

El objetivo de esto parece ser, en parte, el dejar a toda proposición una puerta trasera de salida y, en parte, la vanidad de querer aparentar que se dice más de lo que se ha pensado. Y, en el fondo de esta característica, hay un verdadero embotamiento y torpeza que es, precisamente, lo que hace odiosas a los extranjeros todas las publicaciones alemanas porque a ellos no les gusta andar a tientas en la oscuridad; gusto que, en cambio, parece innato en nuestros compatriotas *.

En estos largos periodos, enriquecidos con proposiciones secundarias, ensambladas unas dentro de otras como se rellenan los gansos asados con manzanas, periodos que no se pueden abordar sin antes consultar el reloj, recargan, sobre todo, la *memoria* cuando deberían dirigirse más bien a la inteligencia y a la capacidad de juicio, cuya actividad queda, de este modo, dificultada y debilitada. Este tipo de periodos dejan al lector con frases cortadas a la mitad que la memoria de éste debe cuidadosamente reunir y guardar, como fragmentos de una carta despedazada, que después las otras partes correspondientes completarán y le darán sentido. Por consiguiente, el lector tiene que estar leyendo un tiempo sin pensar nada,

---

* «Seitens» en lugar de Seiten no es alemán. Escriben absurdamente *Zeither* en lugar de Seither y acaban usándolo en lugar de *Seitdem*. ¿No debería llamarlos *asnos*? De eufonía y cacofonía, nuestros mejoradores de la lengua no tienen la menor idea. Más bien buscan, eliminando vocales, amontonar consonantes, una sobre otra, y así crear palabras cuya pronunciación es un repelente ejercicio de sus bocas bestiales. «Sundzoll»! Además, como no saben latín, no tienen noción de la diferencia entre las consonantes *líquidas* (como la *l* y la *r*) y las otras consonantes.

más bien ejerciendo sólo la memoria, en la esperanza de que, cuando llegue la conclusión, comprenderá el sentido y tendrá algo que pensar.

Recibe mucho que ha de aprender de memoria, antes de tener algo para entender. Evidentemente esto es malo y un abuso de la paciencia del lector.

La inconfundible predilección de los cerebros ordinarios por esta manera de escribir se debe al hecho de que así, sólo después de cierto tiempo y cierta fatiga, se deja al lector que adivine lo que de otra manera hubiera captado inmediatamente; lo cual hará creer que el que escribe es más profundo y más inteligente que el que lo lee.

Esto entra, también, en los artificios señalados anteriormente, con los cuales, los mediocres, inconsciente e instintivamente, se esfuerzan por disimular su pobreza de espíritu y despertar la apariencia de lo contrario. Su invectiva, a este respecto, es asombrosa.

Es manifiestamente contra todas las reglas de la sana razón hacer entrecruzarse un pensamiento por otro como una cruz de madera. Pero esto es lo que sucede cuando se interrumpe lo que se ha empezado a decir, para intercalar algo del todo diferente, y se deja en custodia del lector, hasta nueva orden, un periodo iniciado, pero desprovisto todavía de significado, hasta que llegue su complemento. Es como poner un plato vacío en la mano de los invitados, con la esperanza de que algo vendrá después. En realidad, los párrafos intercalados pertenecen a la misma familia de las notas a pie de página y los paréntesis en medio del texto. En el fondo, las tres cosas son diversas sólo por el grado. Si, a veces, también Demóstenes y Cicerón han recurrido a estos periodos incapsulados, hubiera sido mejor si no lo hubieran hecho. El grado más absurdo de este modo de construir las frases se da cuando las proposiciones incidentales no son intercaladas orgánicamente, sino interpuestas como cuñas, rompiendo directamente un párrafo. Si, por ejemplo, es una impertinencia interrumpir a los otros, no lo es menos interrumpirse a sí mismo en la construcción de una frase; algo que, desde hace unos años, practican, al menos seis veces por página, todos los escritores malos, negligentes y apresurados, con los ojos puestos en la ganancia, y se complacen en ello. Esta construcción consiste en —cuando se puede hay que dar al mismo tiempo la regla y un ejemplo— romper una frase para pegar otra en medio. Y lo hacen no solamente por pereza, sino también por estupidez, pues piensan que es una amable *légèreté* que anima la exposición. En ciertos casos raros, puede ser excusable este modo de escribir.

* * *

Ya en lógica, al tratar la teoría de los *juicios analíticos,* se señalaba incidentalmente que, en una buena exposición, no deberían aparecer, pues dan una impresión de simpleza. Esto aparece, sobre todo, cuando se atribuye al individuo lo que ya pertenece a la especie: como, por ejemplo, si de un buey se dice que tenía cuernos o de un médico que su oficio era curar enfermos, etc. Por ello, estos juicios deben emplearse tan sólo cuando es necesaria una explicación o una definición.

* * *

Las semejanzas son de gran valor en cuanto reconducen una relación desconocida a una conocida. Aun las semejanzas más amplias, que se convierten en parábola o en alegoría, no son más que la reducción de una cierta relación a su representación más simple, intuitiva y palpable. Toda formación de conceptos se basa, en el fondo, en comparaciones, en cuanto consiste en aceptar lo que es semejante y omitir lo no semejante en las cosas. Además, todo verdadero *aprehender* consiste, en último análisis, en una captación de relaciones *(un saisir de rapports),* pero podrá ser captada más clara y más puramente cada relación cuando se la reconoce como lo mismo en casos bien diversos entre sí y entre cosas del todo heterogéneas. Mientras una relación me es conocida como presente en un solo caso, yo tengo de ello puramente un conocimiento individual, es decir, en realidad todavía un mero conocimiento intuitivo. Pero cuando yo capto también, aunque sea sólo en dos casos distintos, la misma relación, tengo un *concepto* de toda la *especie,* es decir, un conocimiento más profundo y más completo.

Precisamente por esto, las comparaciones son una palanca tan potente para el conocimiento; y el saber hacerlas sorprendentes, y a la vez pertinentes, es una prueba de profunda inteligencia. Por eso, dice también Aristóteles: πολυ δε μεγιστον το μεταφορικον ειναι μονον γαρ τουτο ουτε παρ' αλλου εστι λαβειν, ευφυϊας τε σημειον εστιν το γαρ ευ μεταφερειν το ὁμοιον θεωρειν εστιν. («Lo más importante de todo es encontrar metáforas, pues es la única cosa que no se puede aprender de otros y es signo de una naturaleza genial. De hecho, el hacer buenas metáforas requiere intuir las semejanzas.» *De Poética,* c. 22.)

Igualmente, και εν φιλοσοφια το όμοιον, και εν πολυ διεχουσι, θεωρειν ευστοχου. («También en filosofía, descubrir lo que es igual, hasta en cosas muy diferentes entre sí, es señal de talento.» *Retórica*, III, 11.)

* * *

Qué grandes y dignos de admiración han sido aquellos primeros espíritus del género humano, los cuales, haya sucedido esto donde se quiera, inventaron la más maravillosa de las obras de arte, la gramática de la lengua, crearon las *partes orationis* (las partes de la oración), distinguieron y fijaron el sustantivo, el adjetivo y el pronombre, los géneros y los casos; en el verbo, los tiempos y los modos, separando, con sensibilidad y cuidado, el imperfecto, perfecto y pluscuamperfecto, junto a los cuales encontramos también, en la lengua griega, el aoristo. Todo esto con la noble intención de tener un órgano material adecuado y suficiente para la plena y digna expresión del pensamiento humano que pudiese acoger todos los matices y modulaciones del mismo, reproduciéndolos exactamente.

Y ahora vemos a nuestros contemporáneos, reformadores de esta obra de arte, a esos toscos, desmañados operarios manuales alemanes de la corporación de la pluma: para ahorrar espacio quieren eliminar como superfluas aquellas esmeradas distinciones, fundiendo todos los pretéritos en el imperfecto y hablan puramente en imperfecto. A sus ojos, los antes elogiados inventores de las formas gramaticales deben de haber sido verdaderos necios, que no han captado que se podía acuñar todo

147

con un mismo molde y el imperfecto podía servir como único y universal pretérito. Para no mencionar a los griegos que, no contentos con tres pretéritos, añadieron dos aoristos, lo cual les habrá parecido una estupidez *. Además, podan con ahínco todos los prefijos como excrecencias inútiles. Y lo que queda, ¡que lo entienda el que pueda!

Partículas lógicas y esenciales como «nur, wenn, um, zwar, und» y otras, que hubieran derramado luz sobre toda una frase, las suprimen para ahorrar espacio y el lector queda en la oscuridad. Pero esto es del agrado de muchos escritores que, de propósito, escriben de modo oscuro y difícilmente comprensible porque opinan, los fatuos, que así inspiran respeto al lector. En suma, se permiten con insolencia cualquier falta gramatical o de léxico para ahorrar sílabas.

Son infinitos los miserables ardides de que se sirven para suprimir una sílaba aquí o allá, en la estúpida ilusión de lograr así la concisión y el vigor de la expresión. Estas cualidades de estilo, mis buenas cabezas de madera, dependen de cosas muy distintas que el suprimir sílabas y requieren cualidades que vosotros ni comprendéis ni poseéis. Tampoco se le pueden hacer muchos reproches; sobre todo, cuando una legión de asnos, aún más torpes que ellos, se apresuran a imitarlos. El que este modo de corregir la lengua tenga un seguimiento tan grande, general y casi sin excepciones, se explica porque eliminar

---

* Qué lástima que nuestros geniales correctores de la lengua no hayan vivido entre los griegos: hubiesen destrozado también la gramática griega y la hubiesen convertido en una gramática de hotentotes.

sílabas, el significado de las cuales no se entiende, requiere aquel mínimo de inteligencia que hasta el más necio tiene.

La lengua es una obra de arte y, como tal, debe ser tomada de modo *objetivo;* por esta razón, todo lo que en ella se expresa deber serlo según normas y correspondiendo a un designio, y es necesario que, en toda proposición, se pueda realmente comprobar lo que ésta quiere decir como objetivamente existente en ella y, en cambio, no se debe tomar la lengua de un modo sólo sujetivo y expresarse de modo insuficiente, en la esperanza de que los otros adivinarán lo que uno quiere decir, como hacen aquellos que, de hecho, no designan el caso, expresan todos los pretéritos con el imperfecto, suprimen los prefijos, etc. Qué abismo entre aquellos que en un tiempo inventaron y separaron los tiempos y los modos del verbo y los casos de los sustantivos y adjetivos, y los miserables que quisieran tirar todo por la ventana para, con este modo aproximativo de expresarse, quedarse con una jerga de hotentotes tallada a su medida. Éstos son los venales emborronadores de cuartillas del actual periodo de una literatura en total bancarrota espiritual.

El deterioro de la lengua, por parte de escritores de periódicos, encuentra seguimiento obediente y respetuoso entre los doctos que escriben en revistas literarias y libros; cuando ellos deberían, dando ejemplo opuesto y conservando el bueno y auténtico idioma alemán, tratar, al menos, de señalar el camino correcto. Pero nadie lo hace; no veo a ninguno que ponga una barrera; ninguno acude en ayuda de la lengua maltratada por la más baja plebe literaria. Como ovejas van detrás de los otros, y los otros son asnos. Esto sucede porque no hay ninguna nación tan poco inclinada como la alemana a juzgar por sí misma *(to judge for themselves)* y, por tanto, a *juzgar condenando;* a lo cual la vida y la literatura ofrecen la ocasión en todo momento. (Opinan más bien que, apresurándose a imitar cualquier enloquecido destrozo de la lengua, muestran que ellos están «a la altura de los tiempos» y no andan rezagados sino que son escritores a la última moda.) Carecen de bilis, como las palomas (ver Shakespeare, *Hamlet,* II, 2, y Mateo, 10,16). Pero el que no tiene bilis carece de inteligencia. La inteligencia supone una cierta *acrimonia* que, en la vida, en el arte y en la literatura, suscita necesariamente y cada día una interior desaprobación y desdén para miles de cosas y que nos retrae de imitarlas.

SOBRE LA MÚSICA

La música en la jerarquía
de las artes

E N el estudio precedente hemos considerado todas las bellas artes desde un punto de vista general que habíamos adoptado, empezando por la arquitectura artística, cuyo fin, en cuanto tal, es expresar la voluntad objetiva en el grado más bajo de su visibilidad, allí donde se muestra como tendencia ciega de la materia, inconsciente, sujeta a férreas leyes, pero que revela ya antagonismo interno, un conflicto entre la gravedad y la rigidez. Hemos terminado nuestro estudio con la tragedia que, en el grado más elevado de la objetivación de la voluntad, presenta ante nuestros ojos, con terrible grandeza y claridad, ese mismo desdoblamiento y antagonismo de la voluntad consigo misma. Al llegar a este punto, observamos que una de las bellas artes ha quedado, y tenía que ser así, fuera de nuestra consideración pues, en la sistematización que hemos hecho, no hay lugar alguno para ella. Me refiero a la MÚSICA, que constituye, por sí sola, un género aparte.

En la música ya no encontramos una copia, una reproducción de una idea de la esencia íntima del mundo. Pero

153

es un arte tan excelso y admirable, obra tan poderosamente sobre lo más íntimo del hombre y es tan completa y profundamente comprendida como una lengua universal, cuya claridad supera incluso a la misma intuición, que, por todas estas razones, tenemos que ver en ella, sin duda, algo más que un *exercitium arithmeticae occultum nescientis se numerare animi* *, que señaló Leibniz **. Calificación, por otra parte, del todo justa en cuanto él consideraba tan sólo su significado inmediato y externo, su corteza.

Si la música no fuera más que esto, la satisfacción que nos procura sería semejante a la que sentimos al hallar la solución exacta en un problema de cálculo, pero no el íntimo gozo con que vemos expresarse lo más íntimo de nuestro ser.

Desde nuestro punto de vista, que se centra básicamente en el aspecto estético, hay que reconocer en la música un significado más serio y más profundo en relación con la esencia del mundo y nuestra propia esencia y, respecto al cual, las proporciones numéricas, a que este arte puede reducirse, no deben considerarse como lo significado sino como el signo.

Que, en cierto sentido, la música ha de relacionarse con el mundo como la representación con lo representado, como la copia con el modelo, se deduce por analogía con las otras artes, a todas las cuales es propio este carác-

---

* «Un ejercicio inconsciente de aritmética en el que la mente no sabe que está contando.» *(N. del T.)*

** *Leibnitii epistolae, collectio Kortholti:* ep. 154.

ter. Su efecto sobre nosotros es semejante al de éstas pero más potente, más rápido, más necesario e infalible. La relación de copia a modelo que ella tiene con el mundo debe ser muy íntima, infinitamente exacta y muy precisa, pues es comprendida inmediatamente por cualquiera y denota cierta infalibilidad por el hecho de que su forma puede sujetarse a reglas muy exactas, susceptibles de expresarse en números, de las cuales no se puede apartar sin dejar por completo de ser música.

Sin embargo, el punto de comparación entre música y el mundo, el sentido real de su relación con el mundo como copia o repetición son cosas profundamente ocultas. En todos los tiempos se ha cultivado la música sin llegar a tener conciencia clara de esta relación, contentándose con comprenderla inmediatamente y sin tomarse el trabajo de concebir en abstracto la raíz de esta comprensión inmediata.

A fuerza de entregarme a sentir el arte musical bajo sus innumerables formas y después reflexionar sobre el mismo en la línea de mi pensamiento expuesta en la presente obra, he llegado a darme cuenta de la esencia de la música y cuál puede ser el carácter de su imitación respecto al mundo que la analogía nos obliga a atribuirle. Esta explicación me satisface plenamente y es suficiente para mi investigación, y será también esclarecedora para aquellos que me han seguido hasta aquí y están de acuerdo con mi concepción del mundo. Reconozco, sin embargo, que es esencialmente imposible demostrar esta explicación, pues supone de hecho y fija una estrecha conexión entre la música considerada como arte representativo y algo que, por su naturaleza, no puede ser objeto de representación y nos obliga a considerar la música como copia de un original que no puede ser copiado.

Yo no puedo hacer más que presentar aquí, al final de este tercer libro dedicado especialmente al estudio de las artes, esta exposición, para mí suficiente, del maravilloso arte de los sonidos y remitirme, en cuanto a la aceptación o desaprobación de mi visión, al efecto que, por una parte, la música misma y, por otra, el total y único pensamiento expuesto en mi obra tengan sobre el lector. Para poder aceptar mi interpretación con sinceridad y convicción, es preciso meditarla con perseverancia, escuchando música con frecuencia, y para esto, a su vez, es imprescindible estar ya familiarizado con el conjunto de mi pensamiento.

Las Ideas (en sentido platónico) son la objetivación adecuada de la voluntad. Suscitar el reconocimiento de estas Ideas por medio de la reproducción de objetos singulares (pues no otra cosa son las obras de arte) es el fin de todas las artes (y ello es posible mediante el correspondiente cambio en el sujeto que conoce). Todas las artes objetivan la voluntad pero sólo de modo indirecto, es decir, sirviéndose de las Ideas. Como nuestro mundo no es más que el fenómeno o manifestación de las Ideas en la pluralidad por medio del *Principium Individuationis* (la única forma de conocimiento al alcance del individuo en cuanto tal), la música, que va por encima de las ideas, es también del todo independiente del mundo fenoménico; lo ignora por completo y podría, en cierto modo, seguir existiendo aunque el mundo no existiera: lo cual no se puede decir de las otras artes.

La música es, en efecto, una objetivación DIRECTA y una imagen de la VOLUNTAD toda, como lo es el mismo mundo, como lo son las Ideas cuya manifestación múltiple constituye el mundo de los objetos singulares. Por eso, la música no es, en modo alguno, como las otras artes una representación de las ideas, sino REPRESENTACIÓN DE LA VOLUNTAD MISMA, de la cual las Ideas son también objetivaciones. Por esta razón, el efecto de la música es mucho más penetrante y más poderoso que el de las otras artes; éstas no expresan más que sombras, aquélla habla de la realidad.

Pero como lo que se objetiva en las ideas y en la música es una misma voluntad, aunque de un modo diferente, ha de existir entre las ideas y la música, si no una semejanza, un paralelismo, una analogía cuya manifestación en la pluralidad e imperfección es el mundo visible. Desarrollaré ahora esta analogía, que servirá como ilustración, para mejor comprender una exposición que, dada la oscuridad del tema, es dificultosa.

Yo veo en los tonos más graves de la escala musical, en el bajo fundamental, los escalones inferiores de la objetivación de la voluntad, la naturaleza inorgánica, la masa de los planetas. Las notas superiores, más rápidas y fugitivas, pueden considerarse, como es sabido, como el resultado de vibraciones concomitantes del bajo fundamental y resuenan débilmente cada vez que éste se produce, y hasta es regla en armonía no hacer coincidir con una nota grave más que sus sonidos armónicos, es decir, aquellos que resuenan por sí mismos al propio tiempo que la nota grave, en virtud de vibraciones concomitantes.

Este hecho es análogo a lo que sucede en la naturaleza donde todos los cuerpos y todos los organismos deben mirarse como nacidos del desarrollo gradual de la masa planetaria que es su sostén y su origen; lo mismo exactamente que la relación existente entre el bajo fundamental y las notas superiores.

Hay un límite inferior, por debajo del cual los sonidos graves dejan de ser perceptibles. Esto se corresponde con el hecho de que la materia no es perceptible sin la forma y la cualidad; dicho en otras palabras, no puede ser percibida más que como manifestación de una fuerza inexplicable en la cual se manifiesta una idea o, hablando en términos más generales, que no puede haber materia totalmente desprovista de voluntad. Del mismo modo que un tono requiere necesariamente cierto grado de elevación, cierto grado de manifestación de la voluntad es también inseparable de la materia. El bajo fundamental es, pues, en la armonía lo que en la naturaleza es la materia inorgánica, la materia bruta, en la cual todo se asienta, de la cual todo nace y se desarrolla.

Demos un paso más adelante: en el conjunto de las voces que componen la armonía, desde el bajo hasta la voz que dirige el canto y ejecuta la melodía, yo veo toda la serie gradual de las ideas en que se objetiva la voluntad.

Las voces más próximas al bajo son los escalones inferiores, es decir, los cuerpos inorgánicos que se manifiestan ya, sin embargo, de muchas maneras. Las notas superiores me recuerdan las plantas y el mundo animal. Los intervalos fijos de la escala son paralelos a los grados determinados de la voluntad, a las especies fijas de la naturaleza. Las alteraciones en la exactitud aritmética de los intervalos, debidas al temperamento o templado de tonalidad, son análogas a las diferencias individuales del tipo de la especie. Las disonancias absolutas que no responden a ningún intervalo regular pueden compararse a esos productos monstruosos de la naturaleza que tienen miembros de dos animales o de hombre y animal. Pero el bajo y las voces intermedias que constituyen la ARMONÍA carecen de esa secuencia y continuidad de progreso que corresponde sólo a la voz superior que canta la melodía; ésta es la única que se mueve libremente y con agilidad ejecutando modulaciones y escalas, en tanto que las otras se mueven más lentamente y no tienen una marcha continua propia.

El bajo profundo, representación de la materia bruta, es el que se mueve con más dificultad. Se eleva y desciende sólo con grandes intervalos por tercias, cuartas o quintas y jamás en un solo tono, a no ser que haya transposición por doble contrapunto.

Esta lentitud de movimiento le es hasta físicamente esencial: no es posible imaginar una escala rápida o un trino sobre notas bajas. Por encima del bajo, las voces de relleno, que se desarrollan paralelamente al mundo animal, tienen ya un movimiento más rápido pero sin continuidad melódica ni significativo progreso. Esta marcha sin conexión y la determinación rigurosa de las voces intermedias es análoga a lo que sucede en el mundo de los seres carentes de razón. Desde el cristal hasta el animal más perfecto no hay ningún ser que tenga una conciencia verdaderamente cohesiva y cuya conciencia tenga una unidad significativa; ninguno de ellos experimenta una evolución intelectual ni puede perfeccionarse por medio de la instrucción, subsisten siempre iguales tal como las invariables leyes de su especie los constituyeron.

Por último, en la MELODÍA, en la voz principal, a la que le es dado el canto, la que dirige el conjunto y avanza libremente en alas de la fantasía, manteniendo desde el principio hasta el fin el hilo conductor de un pensamiento ÚNICO y significativo, yo veo el grado más elevado de la voluntad, la vida consciente y las aspiraciones del hombre. Tan sólo el hombre, único ser dotado de la facultad de razonar, mira siempre hacia delante y hacia atrás en el camino de su realidad y de las innumerables posibilidades y recorre una existencia acompañada de reflexión, lo cual le da un sentido de unidad al conjunto.

De modo análogo, en la música, la melodía es lo único que presenta, desde el principio hasta el fin, una continuidad con sentido e intención. Por consiguiente, nos relata la historia de la voluntad iluminada por la razón, cuyas manifestaciones en la vida real constituyen la conducta humana. Más aún, nos cuenta su historia más secreta, nos pinta cada agitación, cada anhelo, cada movimiento de la voluntad, todo lo que la razón concibe bajo el concepto amplio y negativo de sentimiento, todo lo que no puede ser integrado dentro de las abstracciones de la razón. Por esta razón, siempre se ha dicho que la música es el lenguaje del sentimiento y de las pasiones, así como las palabras son el lenguaje de la razón. Platón lo expresa como ή των μελων κινησις μεμιμημενη, εν τοις παθημασιν όταν ψυχη γινηται (*melodiarum motus, animi affectus imitans*) *, *De leg.* VII, y también Aris-

---

* «El movimiento de la melodía en su imitación del espíritu movido por las pasiones.» *(N. del T.)*

tóteles dice: δια τι οι ρυθμοι και τα μελη, φωνη ουσα, ηθεσιν εοικε *(cur numeri musici et modi, qui voces sunt, moribus similes sese exhibent?)* *, *Probl.*, c. 19.

Está en la naturaleza del hombre el sentir deseos, realizarlos, tener enseguida nuevos deseos, y así sucesivamente; su felicidad y bienestar consisten tan sólo en esta transición del deseo a su cumplimiento y de éste a un nuevo deseo, siempre que dicha transición se realice rápidamente, pues el retardo trae consigo dolor y la vaciedad de deseos produce hastío y languidez. Del mismo modo, está en la naturaleza de la melodía la digresión continua en mil direcciones, apartándose sin cesar del tono fundamental para ir, no sólo hacia los grados armónicos, la tercia o la dominante, sino hacia cualquier grado, hacia la séptima disonante y los intervalos aumentados, pero retornando siempre, al fin, al tono fundamental. La melodía, por medio de todas estas desviaciones, expresa las innumerables formas de los anhelos de la voluntad, pero también su satisfacción, encontrando al fin, de nuevo, un intervalo armónico y, mejor aún, el tono fundamental. Inventar una melodía, descubrir los más profundos secretos del querer y del sentir humanos, tal es la obra del genio, cuya acción es aquí, más claramente que en parte alguna, independiente de toda reflexión, de toda intención consciente; pudiéndose decir de ella que es una inspiración.

Aquí también, como en todas las artes, los conceptos son estériles. El compositor nos revela la esencia íntima

---

* ¿Cómo es que el ritmo y las melodías, que no son más que sonido, parecen ser estados de ánimo? *(N. del T.)*

del mundo y expresa la más profunda sabiduría en un lenguaje que su razón no comprende, del mismo modo que una sonámbula nos descubre cosas de las que no tiene idea cuando está despierta. Por eso, más que en ningún otro artista, en el compositor el hombre está totalmente separado del artista y es distinto de él. Incluso para la explicación de este arte portentoso resultan los conceptos limitados y pobres. Sin embargo, trataré de continuar con la analogía comenzada.

Así como la rápida transición del deseo a su satisfacción y de ésta a un nuevo deseo constituye la felicidad del hombre, las melodías rápidas y sin grandes digresiones expresan el gozo. En cambio, una melodía lenta que pasa por disonancias dolorosas y no vuelve al tono fundamental sino después de muchos compases, será triste y expresará el retardo y las dificultades en la satisfacción de nuestros deseos. El retardo en las excitaciones de la voluntad, es decir, el tedio, no puede tener en la melodía otra expresión que la continuación prolongada del bajo fundamental, prolongación que tendría enseguida un efecto insoportable. Y a esto se asemejan también las melodías muy monótonas vacías de significado.

Los motivos breves y ligeros de aire rápido de baile parecen hablarnos de una felicidad vulgar y fácil, el *allegro maestoso,* con sus largos motivos, sus periodos extensos y sus amplias digresiones, nos habla de grandes y nobles aspiraciones hacia un fin remoto y su satisfacción final. El *adagio* expresa las penas de una aspiración honda y noble que desdeña toda felicidad mezquina. ¡Pero qué maravilloso es el efecto de los tonos mayor y menor! ¿No es prodigioso ver que el cambio de medio tono, la sustitución de la tercera mayor por la menor nos produce instantánea e indefectiblemente un sentimiento penoso de angustia del que nos libera también súbitamente el tono mayor? El *adagio* en la clave menor consigue expresar el dolor más intenso y se convierte en una queja conmovedora. La música de baile en tono menor parece narrar la pérdida de una dicha frívola que se debería desdeñar o bien parece decir que, después de mil trabajos y contrariedades, se ha conseguido un fin mezquino.

El incontable número de posibles melodías se corresponde con la inagotable variedad de individuos, de fisonomías y existencias que produce la naturaleza. La transición de un tono a otro del todo diferente, cortando toda conexión con el tono precedente, se asemeja a la muerte, destructora del individuo. Pero la voluntad, que en él se manifestaba, sigue viviendo y se manifiesta en otros individuos cuya conciencia, sin embargo, no es la continuación de la del primero.

No hay que olvidar, en la comprobación de las analogías que he expuesto, que la música no tiene respecto a las mismas una relación directa, sino solamente indirecta, pues ella no expresa el fenómeno sino la esencia íntima, el *en sí* de todo fenómeno, la voluntad misma. La música no expresa tal o cual placer determinado, tal o cual aflicción, dolor, esfuerzo, júbilo, alegría o tranquilidad de espíritu, sino *el* placer mismo, *la* aflicción, *el* dolor, *el* esfuerzo, *el* júbilo, *la* alegría, *la* tranquilidad de espíritu: esos sentimientos en *abstracto,* por decirlo así; nos da su esencia sin nada accesorio y, por consiguiente, sin sus motivos siquiera. Sin embargo, los comprendemos perfectamente en esta concentrada quintaesencia. De ahí que

163

la música excite tan fácilmente nuestra fantasía, la cual trata de dar formas a ese mundo de espíritus, invisible pero lleno de vida y que nos habla directamente, lo reviste de carne y hueso y lo encarna en un ejemplo análogo. Tal es el origen del canto con palabras y, en último término, de la ópera que, precisamente por eso, nunca deben olvidar su posición subordinada adoptando el papel principal y haciendo de la música un simple medio suyo de expresión, lo cual sería una burda equivocación y un trastocamiento absurdo. La música no expresa más que la quintaesencia de la vida y de sus incidentes, cuyas diferencias no siempre ejercen influencia alguna respecto de ella. Esta universalidad, que es peculiar exclusivamente de ella, junto con la más rigurosa precisión, es lo que le confiere un valor tan elevado como panacea de todas nuestras penas.

Por eso, cuando la música trata de adaptarse muy estrechamente a las palabras y plegarse a los acontecimientos, está queriendo hablar un idioma que no es el suyo. Ningún compositor se ha mantenido tan libre de esta falta como Rossini. Su música habla tan pura y tan claramente su propio lenguaje que no necesita palabras y consigue todo su efecto aunque sea ejecutada sólo por instrumentos.

De todo esto se deduce que podemos considerar el mundo fenoménico o naturaleza y la música como dos expresiones diferentes de la misma cosa que constituye el único intermediario de su analogía y que, por tanto, es indispensable conocer si se quiere captar esa analogía. Así pues, la música, si se considera como una expresión del mundo, resulta en el más alto grado un lenguaje universal que es a la generalidad de los conceptos lo que éstos son a los objetos particulares. Pero su generalidad no tiene nada de la hueca generalidad de la abstracción; es de una clase totalmente diferente y va unida a una precisión y claridad absolutas. En esto se asemeja a las figuras geométricas y a las cifras que, siendo las formas generales de todos los objetos posibles de la experiencia y pudiéndose aplicar *a priori* a todos ellos, no son abstractas en modo alguno sino, al contrario, intuitivas y perfectamente determinadas.

Todas las posibles aspiraciones, excitaciones y manifestaciones de la voluntad, todo cuanto se agita en el interior del hombre y cuanto la razón entiende por el vasto y negativo concepto de sentimiento, todo eso puede ser expresado por el infinito número de posibles melodías, pero siempre y únicamente con la generalidad de la forma pura sin el material, siempre en cuanto a la cosa en sí, no en cuanto al fenómeno, como si diese lo más íntimo del alma sin el cuerpo.

Esta relación íntima entre música y la verdadera esencia de todas las cosas puede explicar también el hecho de que si en una escena cualquiera, un acontecimiento, una circunstancia, percibimos los sonidos de una música apropiada, ésta parece descubrirnos su más secreto significado y darnos el comentario más claro y más exacto. Además, el que siente hondamente la música, durante la ejecución de una sinfonía, ve pasar ante sus ojos todos los acontecimientos posibles del mundo y de la vida. Pero, si reflexiona, no hallará relación alguna entre la pieza musical y los acontecimientos que pasan por su mente. Y es que la música, como hemos dicho, se distingue de todas las demás artes en que no es una copia del fenómeno o, más exactamente, de la objetivación adecuada de la voluntad, sino que es directamente una copia de la voluntad misma y, por eso, expresa lo metafísico de todo lo físico del mundo.

Se podría, por consiguiente, llamar al mundo una encarnación de la música lo mismo que una encarnación de la voluntad y así se comprende cómo la música da a todo cuadro, a toda escena de la vida real y del mundo un significado más elevado, y esto con tanta más fuerza cuanto mayor sea la analogía entre el sentido íntimo del fenómeno y la melodía. A esto se debe el que podamos adaptar a la música una poesía para ser cantada o una escena de acción tal como una pantomima, o ambas cosas juntas, como en un libreto de ópera. Tales escenas particulares de la vida humana, que se amoldan a ser interpretadas por el idioma universal de la música, no están conexionadas con ella ni están en correspondencia con la misma por una absoluta necesidad; su relación es solamente la de un ejemplo, libremente escogido, respecto a un concepto universal; representan, con la precisión de la realidad, lo que la música expresa con la universalidad de la forma.

Las melodías, en cierto modo, son, como los conceptos generales, una abstracción de la realidad. Esta realidad, es decir, el mundo de la cosas singulares, nos ofrece lo que es perceptible, especial e individual, o sea, el caso particular con relación a la universalidad tanto de los conceptos como de las melodías. Estas dos universalidades, sin embargo, son, bajo cierto aspecto, opuestas entre sí: los conceptos no contienen más que formas abstraídas de la percepción, por así decirlo, la corteza exterior de las cosas; son, pues, abstracciones propiamente dichas. La música, en cambio, da el núcleo íntimo, lo que es anterior a todas las formas, el corazón de las cosas. Podría muy bien expresarse esta relación en el lenguaje de los escolásticos diciendo que los conceptos abstractos son los *universalia post rem,* la música los *universalia ante rem* y la realidad los *universalia in re.*

Una música adaptada a una letra determinada puede muy bien ser asignada, en su intención general, a otros ejemplos escogidos tan arbitrariamente como el primero y que corresponden, en el mismo grado, a lo que representa la melodía de un modo genérico. La misma composición musical acepta versos de diversa clase; de ahí ha nacido el *Vaudeville.* Si es cierto que, en general, puede existir una relación entre una composición musical y una representación intuitiva, se debe al hecho de que ambas son expresiones simplemente diferentes de la esencia siempre idéntica del mundo. Cuando en un caso particular tal relación realmente existe, cuando el compositor ha sabido expresar en el idioma universal de la música los movimientos de voluntad que constituyen la sustancia de un acontecimiento, entonces la melodía de una canción, la música de la ópera, serán expresivas. Pero la analogía descubierta por el compositor entre ambas cosas debe haber nacido de un conocimiento inmediato de la esencia del mundo, ignorada por su razón, y no puede ser una imitación realizada con consciente intención a través de conceptos abstractos. De otro modo, la música no expresaría ya la esencia íntima, la voluntad misma, sino que meramente imitaría de modo inadecuado su fenómeno. Esto es lo que hace toda la música realmente imitativa,

167

como *Las Estaciones* o *Creación* de Haydn en las que muchos pasajes imitan directamente los fenómenos del mundo material, y del mismo género son las composiciones sobre batallas. Todo esto debe desecharse.

El indescriptible y profundo encanto de toda música que hace pasar ante nosotros un paraíso muy familiar y, sin embargo, eternamente remoto, tan fácil de captar y a la vez tan inexplicable, se debe al hecho de que reproduce todas las emociones de nuestro ser más íntimo pero sin la realidad y lejos de sus tormentos. De igual manera, su carácter esencial de seriedad, que excluye totalmente lo ridículo de su campo propio, proviene de que su objeto no es la representación, donde únicamente pueden darse el error y el ridículo, sino la voluntad, que es lo más esencialmente serio, puesto que todo depende de ella. La riqueza de contenido y significado del lenguaje de la música puede verse en los signos de repetición, juntamente con el *Da capo,* que serían intolerables en obras compuestas en lenguaje de palabras. En música, sin embargo, esas repeticiones son muy apropiadas y útiles. Para comprender bien la música hay que oírla dos veces.

En todas estas consideraciones, he intentado poner en claro que, en un lenguaje eminentemente universal, mediante un solo procedimiento técnico: los sonidos, la música expresa, con la mayor precisión y verdad, la esencia íntima del mundo, lo que éste es en sí y que, en su expresión más evidente, entendemos por el concepto de voluntad. Yo pienso, por otra parte, como he tratado de probar, que la filosofía no es más que una completa y exacta repetición y exposición de la naturaleza íntima del mundo en conceptos muy generales, pues tan sólo éstos pueden expresar esa esencia de una manera suficientemente amplia y adecuada.

Sentado esto, quienes me hayan seguido hasta aquí y hayan penetrado en mi pensamiento no encontrarán muy paradójico si afirmo que así es posible lograr una correcta explicación de la música en el conjunto y en los detalles. Si nosotros, pues, enunciamos y desarrollamos en conceptos lo que la música expresa a su manera, haríamos, por el mismo hecho, una explicación razonable y una exposición fiel del mundo expresadas en conceptos o algo equivalente. Y ello sería la verdadera filosofía y, por consiguiente, desde nuestra visión mucho más elevada de la música, podríamos parodiar así la antes citada sentencia de Leibniz que, desde un punto de vista más a pie de tierra pretendido por él, es del todo correcta: *Musica est exercitium metaphysices occultum nescientis se philosophari animi* *, pues *scire,* saber, significa siempre percibir las cosas bajo la forma de nociones abstractas.

Pero vayamos más lejos. En virtud del aforismo de Leibniz, cuya verdad ha sido sobradamente confirmada, la música, aparte de su valor estético o interior, considerada únicamente desde un punto de vista exterior y empírico, no es más que un medio que nos permite percibir, de modo directo y en concreto, los grandes números y las relaciones numéricas complicadas que, sin esto, no podemos conocer más que indirectamente mediante conceptos. Por tanto, podemos ahora, combinando estos dos puntos

---

* La música es un ejercicio inconsciente de metafísica en el que la mente no sabe que está filosofando. *(N. del T.)*

de vista muy diferentes pero exactos ambos, concebir la posibilidad de filosofía de los números como la de Pitágoras y la de los chinos en el *I Ching*. Y podremos interpretar, en este sentido, la proposición de los pitagóricos citada por Sexto Empírico *(Adversus Mathematicos, L. VII)*: τω αριθμω δε τα παντ' επεοικεν *(numero cuncta assimilantur)* *.

Si finalmente aplicamos esta interpretación a la concepción, que antes he expuesto, de la armonía y de la melodía, hallaremos que una mera filosofía moral sin una explicación de la naturaleza, como la que Sócrates pretendió fundar, es del todo análoga a una melodía sin armonía, tal como deseaba Rousseau. Por el contrario, un sistema físico y metafísico sin ética corresponde a una simple armonía sin melodía.

Permítaseme añadir a estas consideraciones incidentales alguna nueva observación sobre la analogía de la música con el mundo fenoménico. Hemos visto en el libro anterior que el grado más elevado de objetivación de la voluntad, es decir, el hombre, no podía aparecer solo y aislado, sino que presupone los grados inferiores a él, y éstos, a su vez, grados más y más inferiores.

Del mismo modo, la música, que como el mundo es una objetivación inmediata de la voluntad, no está completa más que en la armonía perfecta. La voz superior que dirige la melodía requiere, para producir todo su efecto, el acompañamiento de todas las otras voces, hasta el bajo más profundo que puede ser considerado como el origen

---

* Todas las cosas son semejantes a los números. *(N. del T.)*

común de todas. La melodía misma interviene como una parte integral de la armonía y, recíprocamente, la armonía lo es de la melodía. Y únicamente así, en el conjunto de todas las voces, expresa la música lo que quería expresar. Del mismo modo, la voluntad, fuera del tiempo y en su unidad, no podría encontrar su plena objetivación más que en la unión completa de todas las fases que revelan su esencia en innumerables grados de cada vez más creciente claridad.

Muy relevante es también esta analogía. Ya vimos en el libro anterior que, a pesar de la adaptación recíproca de todos los fenómenos de la voluntad, considerados como especies, lo que dio origen a la hipótesis teleológica, existe, sin embargo, un perpetuo conflicto entre estos fenómenos en cuanto individuos. Es visible en todos los grados de la jerarquía y convierte al mundo en un permanente campo de lucha entre las manifestaciones de esa voluntad que es siempre una e idéntica y cuya interna contradicción consigo misma resulta visible.

En música se da también un fenómeno correspondiente, pues un sistema armónico de sonidos perfectamente puro es un imposible no sólo físico sino también matemático. Los mismos números, mediante los cuales se expresan los sonidos, tienen irracionalidades insolubles. No se puede calcular una escala donde cada quinta es respecto a la nota fundamental lo que 2 es a 3, ni cada tercia mayor como lo que 4 es a 5, cada tercia menor como lo que 5 es a 6, etc. Aunque los tonos tengan, respecto a la nota fundamental, una relación exacta, no la tienen entre ellos mismos, pues la quinta, por ejemplo, debería ser la tercia menor de la tercia, etc. Los grados de la escala se pueden comparar con los actores que tienen que representar ya un papel, ya otro. Así pues, no podemos ni concebir en el pensamiento una música perfecta y mucho menos ejecutarla. Y, por esta razón, toda posible música se desvía de la pureza absoluta. Tan sólo puede encubrir las disonancias que le son, por esencia, inherentes, distribuyéndolas entre todos los grados de la escala, es decir, por el templado o acomodación de los intervalos. Sobre esto puede verse la *Acústica* de Chladni, § 30, y *Breve estudio de la teoría de los sonidos y la armonía*, p. 12, del mismo autor *.

Podría añadir aún muchas cosas sobre la manera como la música es percibida, es decir, puramente en y a través del tiempo, con absoluta exclusión del espacio, incluso sin la influencia del conocimiento de la causalidad y, por tanto, del entendimiento, pues los sonidos producen la impresión estética como efecto, sin que tengamos que remontarnos a su causa, tal como sucede en la intuición. Pero no quiero prolongar excesivamente estas consideraciones, ya que tal vez me he detenido en demasiados detalles y particularidades en algunos puntos de este tercer libro. Sin embargo, mi objetivo lo hacía necesario y se me disculpará tanto más fácilmente cuanto mejor se comprenda la importancia, muchas veces desconocida, y el excelso valor del arte.

Según nuestro sistema, el conjunto del mundo visible no es más que la objetivación, el espejo de la voluntad que acompaña a ésta para llevarla al conocimiento de sí

---

* Cfr. capítulo 39 del vol. II.

misma; más aún, como enseguida veremos, a la posibilidad de su salvación. Al mismo tiempo, el mundo como representación, cuando se lo contempla aislado, cuando uno se libera a sí mismo de la voluntad y él solo acapara nuestra conciencia, es el aspecto más delicioso de la vida y lo único inocente que hay en ella. Esto nos lleva a mirar el arte como lo más elevado, el punto de plenitud de todo cuanto existe pues nos aporta esencialmente lo mismo que el mundo visible pero más concentrado y más perfecto, con reflexión e intención deliberada y, por consiguiente, puede llamarse, en el pleno sentido de la palabra, la floración de la vida. Si el mundo como representación no es más que la voluntad hecha visible, el arte es la clarificación de esa visibilidad, la *Camera obscura* que muestra los objetos con mayor pureza y permite percibirlos de una ojeada y comprenderlos mejor. Es el espectáculo en un espectáculo, la escena en la escena, como en *Hamlet.*

El placer de lo bello, el consuelo que el arte nos aporta, el entusiasmo del artista que le hace olvidar las penas de la vida, ese privilegio único del genio que le compensa de los dolores, que crecen para él en proporción a la claridad de su conciencia, prerrogativa que le compensa de su desoladora soledad entre una clase distinta de hombres; todo esto se debe a que, como después veremos, la vida en sí, la voluntad, la existencia misma es un perpetuo dolor, ya lamentable, ya aterrador.

Por otra parte, esto mismo considerado simplemente como representación pura, o repetido en las obras de arte, está libre de todo dolor y ofrece un espectáculo imponente. El aspecto puramente cognoscible del mundo y su repetición en obras de arte, bajo cualquiera de las formas, es la materia sobre la que trabaja el artista. Le cautiva el contemplar la objetivación de la voluntad. Se detiene ante este espectáculo sin cansarse de admirarlo y reproducirlo. Y, mientras dura, él mismo ha de pagar los gastos de la representación; en otras palabras, él es la voluntad misma que así se objetiviza y permanece en constante sufrimiento. El puro, auténtico y profundo conocimiento de la esencia íntima del mundo se convierte para él en fin en sí; ahí se detiene. Ese conocimiento no es para él, como sucede con el santo que ha llegado a la resignación y consideraremos en el libro siguiente, un apaciguador de la voluntad. No lo libera definitivamente de la vida, sino tan sólo por breves instantes. No es un camino que lo lleva lejos, sino un ocasional consuelo; hasta que, al fin, sintiendo sus fuerzas aumentadas y, por otra parte, cansado del juego, retorna a lo serio. La *Santa Cecilia* de Rafael puede considerarse como un símbolo de este cambio. Y ahora también nosotros en el libro siguiente volvemos a lo serio.

Metafísica de la música

E N mi estudio sobre el significado verdadero de este arte maravilloso, que expuse en el capítulo del primer volumen a que antes hice referencia *, se llega a la conclusión que, entre las producciones de la música y el mundo como representación, es decir, la naturaleza, tenía que haber, no una semejanza, sino un *paralelismo* manifiesto, lo cual después quedó demostrado. Añadiré ahora, sobre este punto, algunas consideraciones más concretas, dignas de tenerse en cuenta. Las cuatro voces de toda armonía, es decir, el bajo, el tenor, el alto y el soprano, o sea, tono fundamental, tercera, quinta y octava, corresponden a los cuatro grados de la escala de los seres: reino mineral, reino vegetal, reino animal y el hombre. Esta analogía recibe una adicional y sorprendente confirmación en la regla fundamental de la música, según la cual,

---

* La referencia a que alude el autor dice textualmente: «Este capítulo se refiere al apartado 32 del primer volumen.» Se trata de su obra *El mundo como voluntad y representación*. Ver «Referencias» en pág. 204. *(N. del T.)*

el bajo debe estar mucho más alejado de las tres voces superiores que éstas entre sí; el bajo no puede aproximarse a las otras voces sino en una octava a lo sumo y casi siempre queda todavía por debajo; lo cual coloca el perfecto acorde de esos tres tonos en la tercera octava a partir del tono fundamental. De acuerdo con esto, el efecto de la armonía *extendida,* donde el bajo permanece a distancia de las otras partes, es más potente y más bello que el de la armonía ajustada, donde el bajo se acerca más, y de la cual se hace uso tan sólo por el limitado alcance de los instrumentos.

Toda esta regla, lejos de ser arbitraria, tiene sus raíces en el origen natural del sistema musical, porque los primeros sonidos armónicos que se producen por virtud de vibraciones concomitantes son el de octava y su quinta. En esta regla vemos la analogía musical de una condición fundamental de la naturaleza, en virtud de la cual los diferentes seres orgánicos tienen un parentesco más íntimo entre ellos que el existente entre estos seres y el conjunto inanimado, inorgánico del reino mineral. El reino orgánico y el inorgánico están separados por la más rigurosa barrera y el más profundo abismo que en toda la naturaleza existe. La voz alta que canta la melodía es, sin embargo, al mismo tiempo parte integrante de la armonía y se vincula así al bajo fundamental más profundo, y puede considerarse como el análogo musical del hecho por el cual la misma materia, que en un organismo humano es portadora de la idea del hombre, debe al mismo tiempo representar y sostener las ideas de la gravedad y de las propiedades químicas, es decir, de los grados más bajos de la objetivación de la voluntad.

La música no es, como todas las otras artes, una representación de las ideas o grados de la objetivación de la voluntad, sino la expresión directa de la voluntad misma; lo cual explica su acción inmediata sobre la voluntad, es decir, sobre los sentimientos, las pasiones y las emociones del oyente, de modo que rápidamente los exalta o los modifica.

Admitido que la música, lejos de ser un simple auxiliar de la poesía, es un arte independiente, más aún, la más poderosa de todas las artes y capaz, por tanto, de alcanzar sus objetivos con sus propios recursos, es también indudable que no necesita las palabras de una canción o la acción de una ópera. La música, en cuanto tal, conoce sólo los tonos, pero no las causas que los producen. Por eso, la *vox humana,* original y esencialmente, para la música, no es otra cosa que un sonido modificado, como el de un instrumento, y tiene, como todo otro sonido, las ventajas e inconvenientes particulares derivados del instrumento que lo produce. Que, en este caso, este mismo instrumento sirva, por otra parte, en cuanto órgano del lenguaje, a la comunicación de conceptos es una circunstancia accidental, y, sin duda, la música puede utilizarla accesoriamente para entrar en alianza con la poesía; pero nunca debe hacer de esto su causa principal y entregarse del todo a dar expresión a lo que, casi siempre, son versos por naturaleza insustanciales (como da a entender Diderot en *Le neveu de Rameau*).

Las palabras son y serán siempre para la música un añadido extraño de valor secundario, porque el efecto de los tonos es incomparablemente más potente, más infalible y más rápido que el de las palabras: incorporadas a la música deben ocupar tan sólo una posición del todo subordinada y plegarse a las exigencias de los tonos. La relación es inversa cuando se trata de una letra dada, canción o libreto de ópera a que se adapta una música. En este caso, el arte musical demostrará enseguida su poderío y su superior capacidad: la música nos da la más profunda, íntima y secreta información del sentimiento expresado por las palabras o la acción presentada en la ópera; nos desvela la naturaleza auténtica y verdadera, nos descubre el alma misma de los acontecimientos y los hechos, de los cuales la escena no ofrece más que el cuerpo y la envoltura. Dada esta superioridad de la música, y teniendo en cuenta que ella está respecto al texto y a la acción en la relación de lo universal a lo particular, de la regla al ejemplo, componer texto para la música podría parecer más conveniente que componer la música para el texto. Sin embargo, el método usual lleva al artista, a través de las palabras y los incidentes del libreto, a las emociones de la voluntad que constituyen su fondo y suscitan en él los sentimientos que ha de expresar, actuando así a manera de estimulantes de su fantasía musical.

Si, por otra parte, siempre aceptamos con agrado el acompañamiento de la poesía a la música, si una canción con palabras inteligibles nos produce tan profundo gozo, ello se debe a que nuestros dos modos de conocimiento, el inmediato o directo y el mediato son, al mismo tiempo y en coordinación, ejercidos y estimulados. El conocimiento más inmediato es aquel para el que la música expresa las emociones de la voluntad misma; el más mediato es el de los conceptos expresados por las palabras.

Nuestro intelecto no quiere permanecer completamente inactivo, aun cuando se hable el lenguaje de los sentimientos. La música es capaz, indudablemente, de expresar, por sus propios medios, cada movimiento de la voluntad, cada emoción; pero la adición de palabras nos ofrece también los objetos, los motivos de esas emociones. La música de una ópera, presentada en la partitura, tiene una existencia del todo independiente, separada, como una existencia abstracta en sí, que es extraña a los acontecimientos y a los personajes de la obra y sigue sus reglas propias e inmutables; por eso, aun sin el libreto, produce siempre todo su efecto. Pero esta música, compuesta con vistas al drama, se convierte, por así decirlo, en el alma del mismo: en su conexión con los acontecimientos, los personajes, las palabras, la música se convierte en la expresión del significado íntimo de toda la acción y de la última y secreta necesidad inherente a ese significado. En el sentimiento confuso de esta verdad reside, en realidad, el placer del espectador cuando éste no es un simple mirón fatuo.

Pero al mismo tiempo, la música de ópera muestra lo heterogéneo de su naturaleza y la superioridad de su esencia por una total indiferencia respecto a toda la parte material de los acontecimientos; y, en consecuencia, expresará siempre de la misma manera, con la misma pompa de sus tonos, la tempestad de las pasiones y lo patético de los sentimientos, ya sea la materia del drama Agamenón y Aquiles o las disensiones de una familia ordinaria. Para ella no existe nada fuera de las pasiones, de las emociones de la voluntad y, como Dios, sólo ve los corazones. Nunca se asimila al argumento material: aun cuando acompañe las más absurdas y extravagantes bufonadas de una ópera cómica, seguirá manteniéndose en su esencial belleza, pureza y sublimidad. Su fusión con semejantes elementos no puede rebajarla de su altura, donde todo lo absurdo es extraño. Sobre la farsa grotesca y las miserias sin fin de la vida humana, planea el significado profundo y serio de nuestra existencia, del que la música no se aparta en ningún momento.

Echemos ahora una ojeada a la música puramente instrumental. Una sinfonía de Beethoven nos presenta la más grande confusión, que se asienta, sin embargo, sobre el orden más perfecto; el combate más violento que se transforma, al momento siguiente, en la más bella de las armonías. Es la *rerum concordia discors* (la concordia discordante del mundo, Horacio, *Epist.,* I, 12, 19), imagen completa y fiel de la naturaleza del mundo que rueda en un caos inmenso de innumerables formas y se mantiene por una incesante destrucción. Pero, al mismo tiempo, en esta sinfonía escuchamos todas las pasiones, todas las emociones humanas: alegría y tristeza, amor y odio, temor y esperanza, etc., con sus innumerables matices, pero todas, también, solamente *in abstracto* y sin particularización alguna. Es su sola forma, sin sustancia, como un mundo de puros espíritus sin materia. Es cierto que nosotros estamos siempre dispuestos a dar una realidad a lo que escuchamos y revestir estas formas, en la imaginación, de hueso y carne y ver allí toda clase de escenas de la vida y de la naturaleza. Pero esto, en suma, no contribuye a que las comprendamos mejor ni a que las disfrutemos más, y no hacemos otra cosa que sobrecargarlas con un elemento extraño y arbitrario. Por esta razón, sería mejor sentir esta música en su pureza inmediata.

Hasta aquí, tanto en las observaciones precedentes como en el texto, hemos considerado la música solamente desde el punto de vista metafísico, es decir, en relación con el significado íntimo de sus obras.

Ahora parece conveniente un examen general de los medios que sirven a la ejecución de las mismas para influir en nuestro espíritu y, por consiguiente, mostrar la conexión de este aspecto metafísico de la música con el físico, que ya ha sido adecuadamente estudiado y es bien conocido. Parto de la teoría generalmente conocida, y que recientes objeciones no han podido derrocar: toda armonía de los sonidos se basa en la coincidencia de las vibraciones. Cuando dos notas resuenan simultáneamente, esta coincidencia se producirá a cada segunda, tercera o cuarta vibración y, por consiguiente, serán octavas, quintas o cuartas, una de la otra, etc. En tanto que las vibraciones de dos notas tienen una relación racional entre sí y expresable en pequeños números y su coincidencia se repite constantemente, nuestra percepción puede abarcarlas. Los tonos se funden uno en otro y forman un acorde. Si, en cambio, la relación es irracional o puede expresarse sólo con grandes cifras, no habrá una coincidencia inteligible de las vibraciones, sino que *obstrepunt sibi perpetuo,* se resisten a ser abarcadas por nuestra percepción y, por eso, se llaman disonancia.

De esta teoría se desprende que la música es un medio de hacer perceptibles relaciones numéricas racionales e irracionales, no, como la aritmética, con ayuda del concepto, sino por un conocimiento que es del todo directo y simultáneamente afecta los sentidos.

La unión del sentido metafísico de la música con esta base física y aritmética se basa en el hecho de que lo que resiste a nuestra *aprehensión,* lo irracional o la disonancia, se convierte en imagen natural de las resistencias opuestas a nuestra *voluntad;* y, a la inversa, la consonancia o lo racional, que se adapta fácilmente a nuestra percepción, es la imagen de la satisfacción de la voluntad. Además, esos elementos racionales e irracionales en las relaciones numéricas de las vibraciones admiten una infinidad de grados, matices, efectos y variaciones. Esto hace de la música el medio capaz de expresar fielmente y reproducir, con sus más finos matices y con sus diferencias más delicadas, todas las emociones del corazón humano, es decir, de la voluntad, cuyo resultado esencial es siempre, aunque en grados infinitos, la satisfacción e insatisfacción; y la música logra su objetivo con la invención de la melodía.

Vemos así las emociones de la voluntad transportadas al campo de la representación pura, que es el teatro exclusivo de todas las producciones de las bellas artes, pues éstas exigen que la *voluntad misma* no se signifique y que nos limitemos a ser sujetos puramente *conocedores.* Por consiguiente, la música no debe excitar los afectos mismos de la voluntad, es decir, dolor o bienestar efectivos, sino solamente sus sustitutos; lo que está en conformidad con el *entendimiento* como *imagen* de la satisfacción de la voluntad, y lo que se opone en mayor o menor grado al entendimiento será la imagen de un dolor más o menos intenso. Resultado de esto es que la música, sin jamás causarnos un sufrimiento real, siempre nos causa gozo, aun en sus acordes más dolorosos, y escuchamos con agrado hasta sus más tristes melodías que nos cuentan en su lenguaje la historia secreta de nuestra voluntad, de todas sus agitaciones, de todas sus aspiraciones, con todas sus dilaciones, obstáculos y angustias. En cambio, en la vida real y sus horrores es nuestra *voluntad misma* la que es excitada y torturada; no se trata de tonos y relaciones numéricas, sino que entonces nosotros somos la cuerda tensa y punteada que vibra.

De la teoría física de la música que hemos expuesto como base se deduce que el elemento propiamente musical de los tonos consiste en las relaciones de rapidez de las vibraciones, y no en la fuerza relativa de éstas; de lo cual se sigue que el oído, al escuchar una pieza musical, seguirá con preferencia la nota más alta pero no la más fuerte. Por eso, el soprano domina incluso con el acompañamiento más potente de orquesta y adquiere así un derecho natural a ejecutar la melodía que viene a reafirmar, además, su gran movilidad debida a esta misma rapidez de vibraciones, tal como aparece en las frases figuradas. El soprano se convierte, por ello, en el verdadero representante de una sensibilidad exaltada, susceptible a la más ligera impresión y capaz de dejarse determinar por ella; es decir, en el representante de la consciencia más desarrollada en el grado más elevado de la escala de los seres.

Por razones opuestas, el contraste del soprano es el bajo que se mueve con lentitud, sin que pueda subir o descender más que a grandes intervalos, por tercias, cuartas o quintas y guiado en cada uno de sus pasos por reglas invariables. Por este motivo es el representante natural del reino inorgánico de la naturaleza, insensible, impermeable a sensaciones delicadas y regido únicamente por leyes generales. El bajo no puede jamás elevarse en un solo tono, por ejemplo, de la cuarta a la quinta, pues esto produciría en las voces superiores una secuencia incorrecta de quinta y octava. Por eso, originalmente y por su propia naturaleza, el bajo no puede nunca ejecutar la melodía. Y si la melodía le es asignada, es por efecto de un contrapunto, y se trata entonces de un bajo *por transposición.* Se hace descender una de las voces superiores que se disfraza de bajo; y aun entonces es necesario un segundo bajo profundo que lo acompañe. Esta poca naturalidad de una melodía confiada al bajo es la razón por la cual las arias de bajo con pleno acompañamiento no nos proporcionan jamás el mismo placer, puro y sin mezcla, que un aria de soprano, pues en conexión con la armonía sólo el aria de soprano es natural. Digamos de pasada que un bajo, forzado así por transposición a cantar la melodía, podría compararse, en el sentido de nuestra metafísica de la música, a un bloque de mármol en el que se ha tallado la forma humana: magníficamente apropiado para el convidado de piedra en el *Don Juan.*

Para ir más al fondo de la *génesis* de la melodía debemos descomponerla en sus elementos. En esto hallaremos, al menos, el placer que se experimenta al adquirir, de cosas que son de todos conocidas *in concreto,* también una conciencia abstracta y explícita, con lo que ganan la apariencia de novedad.

La melodía consiste en dos elementos: el rítmico y el armónico. Se pueden llamar también el elemento cuantitativo y el cualitativo, pues el primero se refiere a la duración de los tonos y el segundo a su altura y profundidad.

En la notación musical, el primero corresponde a las líneas verticales y el segundo a las horizontales. Los dos se basan en relaciones puramente aritméticas, es decir, en las relaciones de tiempo, uno en la duración de los sonidos, otro en la rapidez relativa de sus vibraciones. El elemento rítmico es el más esencial pues él solo y sin intervención del otro puede presentar una especie de melodía, como sucede, por ejemplo, en el tambor; pero la melodía perfecta necesita los dos. Ésta consiste, en efecto, en las alternativas de desacuerdo y reconciliación entre ambos, como demostraré enseguida, pero, ya que se ha tratado hasta ahora del elemento armonía, a continuación consideraré más de cerca el elemento ritmo.

El *ritmo* es en el tiempo lo que en el espacio es la *simetría,* es decir, una división en partes iguales y que se corresponden entre sí, primero, en grandes partes, que se subdividen a su vez en partes más pequeñas subordinadas a las primeras. En la serie de artes que he establecido constituyen la *arquitectura* y la *música* los dos extremos. Son además las más heterogéneas; en realidad, verdaderos antípodas por su esencia íntima, su potencia, la extensión de sus propias esferas y su significación; este contraste se extiende incluso a la forma de su manifestación: la arquitectura existe sólo en el *espacio,* sin ninguna referencia al tiempo, y la música existe sólo en el *tiempo,* sin ninguna referencia al espacio *.

---

* Objetar que también la escultura y la pintura existen únicamente en el espacio sería una falsa objeción, pues sus obras tienen una relación, al menos indirecta si no directa, con el tiempo, en cuanto representan vida, movimiento, acción. Sería igualmente

185

La única analogía consiste en que el ritmo es en la música, como la *simetría* en la arquitectura, el principio de orden y cohesión; nueva confirmación del adagio que *los extremos se tocan*. Los elementos últimos de un edificio son piedras exactamente iguales; del mismo modo, los últimos elementos de una pieza de música son medidas de tiempo enteramente iguales, subdivididas a su vez por una ascendente y otra descendente o, en general, por la fracción que indica la medida, en partes también iguales que se pueden comparar con las dimensiones de la piedra.

Varias medidas constituyen un periodo musical que tiene a su vez dos partes iguales, una ascendente, que tiende a ser dominante y lo logra casi siempre, y otra descendente, que aporta calma y encuentra de nuevo el tono fundamental. Dos o más periodos constituyen una parte que, de ordinario, está también simétricamente redoblada por el signo de repetición; dos partes constituyen una pequeña pieza musical o solamente un movimiento de una pieza mayor; el concierto o la sonata comprenden normalmente tres movimientos, la sinfonía cuatro y la misa cinco. Vemos así estas simétricas divisiones y subdivisiones hasta los compases y sus fracciones establecer entre todos los miembros de una pieza musical una subordinación, superposición y coordinación constantes y así hacer un todo coherente y cerrado como hace la

---

erróneo decir que la poesía, en cuanto lenguaje, pertenece sólo al tiempo; idea que sólo podría aplicarse directamente a las palabras; pero la materia de la poesía es todo lo que existe, por consiguiente también el espacio.

simetría en un edificio, con la diferencia que éste existe exclusivamente en el espacio y la música existe exclusivamente en el tiempo.

El mero sentido de esta analogía ha dado lugar a esa atrevida ingeniosidad con frecuencia repetida en los últimos treinta años: la arquitectura es música congelada. El origen de la frase habría que buscarlo en Goethe, quien, según Eckermann (*Conversaciones,* vol. II, p. 88), habría dicho: «Entre mis papeles he encontrado una hoja en la que llamo a la arquitectura música petrificada y, efectivamente, algo de esto tiene: la impresión que produce la arquitectura es muy cercana al efecto que produce la música.» Es muy probable que Goethe hubiera dejado caer mucho antes esta ocurrencia en una conversación, pues, como sabemos, nunca faltó gente que recogía lo que él dejaba caer para después lucirse con eso. Aparte de lo que Goethe haya podido decir, esta analogía de la música con la arquitectura que yo he aplicado únicamente al fundamento básico, es decir, a la analogía del ritmo y la simetría, no se extiende más que a la forma exterior y en modo alguno a la esencia íntima de las dos artes a las que separa un abismo; sería absurdo querer poner en pie de igualdad, en los aspectos esenciales, a la más limitada y débil de todas las artes y a la más amplia y potente.

Como amplificación de la analogía señalada se podría añadir también que, cuando la música, en un arrebato de independencia, toma la oportunidad de un calderón de silencio para librarse del control del ritmo y lanzarse a la libre fantasía de una cadencia con ornato, este movimiento sin ritmo es análogo a una ruina carente de simetría. En el lenguaje atrevido de la antes mencionada frase, podríamos llamar a esta ruina una cadencia congelada.

Una vez explicado el *ritmo,* ahora mostraré cómo la esencia de la melodía consiste en el *desacuerdo* y la *reconciliación* siempre repetidos del elemento rítmico y el elemento armónico. El elemento armónico de la melodía supone el tono fundamental, así como el rítmico supone la medida del tiempo y consiste en una desviación de éste para hacer un recorrido por todas las notas de la escala hasta que alcanza, después de rodeos más o menos largos, un grado armónico, casi siempre la dominante o la semidominante, que le procura una incompleta satisfacción. Después retorna, por un camino de igual longitud, al tono fundamental donde encuentra plena satisfacción. Pero ambos procesos deben realizarse de modo que el alcanzar el grado señalado y el retorno al tono fundamental deben coincidir con ciertos momentos privilegiados del ritmo, sin lo cual sería nulo el efecto. Por eso, así como la sucesión armónica de los sonidos requiere ciertas *notas,* la tónica en primer lugar, después la dominante, etc., del mismo modo, el ritmo exige, por su parte, ciertos *tiempos,* ciertas medidas, y fracciones de esas medidas en número fijo, que se llaman los tiempos fuertes, favorables o acentuados, en oposición a los tiempos débiles, contrarios o no acentuados.

Hay divergencia entre los dos elementos fundamentales al ser satisfechas las exigencias de uno solo de ellos, no de los dos; hay *reconciliación* cuando las exigencias de los dos son satisfechas a la vez. Así, esta serie de notas que corren a la ventura hasta alcanzar un grado más o menos armónico, tan sólo logrará esto después de un número determinado de compases, y esto en un tiempo fuerte del compás, para encontrar así un cierto punto de reposo; e igualmente el retorno a la tónica debe efectuarse después de un número igual de compases y siempre en tiempo *fuerte* para que la satisfacción sea completa. Mientras no se logre esta necesaria coincidencia de las satisfacciones de ambos elementos, aunque el ritmo siga su marcha regular y, por otra parte, haya presencia suficiente de notas requeridas, no tendremos el efecto del que nace la melodía. El siguiente ejemplo, sumamente sencillo, puede servir para ilustrar esto:

Aquí la secuencia armónica de las notas encuentra la tónica ya al fin del primer compás; pero no obtiene con ello satisfacción alguna porque el ritmo se encuentra en el punto más débil del compás. Inmediatamente después, en el segundo compás, el ritmo está en el punto deseado, pero la secuencia de notas ha llegado a la séptima. Hay, pues, pleno *desacuerdo* entre los dos elementos de la melodía y sentimos cierta inquietud. En la segunda mitad del periodo todo es a la inversa y, en la última nota, se produce la *reconciliación* de los dos elementos. Este procedimiento puede probarse en cada melodía aunque generalmente a una escala mucho mayor.

Este *desacuerdo y reconciliación* constantes de los dos elementos son, desde el punto de vista metafísico, imagen del nacimiento de nuevos deseos seguidos de su realización. De ahí el encanto con que la música penetra en nuestros corazones, pues nos presenta la ilusión de la plena satisfacción de nuestros deseos. Considerada más de cerca, descubrimos en este proceso de la melodía una condición, en cierto modo *interior* (la armonía), que se encuentra, como por azar, con una *exterior* (el ritmo), este *azar* es provocado, indudablemente, por el compositor y, en este sentido, puede compararse con la rima de la poesía; pero esto es precisamente la imagen del encuentro de nuestros deseos con las circunstancias externas favorables, independientes de ellos, es decir, la imagen de la felicidad.

Merece que nos detengamos un momento a considerar el efecto de la *suspensión*. Es una disonancia que retrasa la consonancia final esperada con toda certeza; de esta manera se refuerza la expectación por ella y su aparición se acoge con mayor placer; evidente analogía de la satisfacción de la voluntad, redoblada por la espera. La cadencia perfecta requiere ser precedida por el acorde de séptima sobre la dominante, como el deseo más apremiante sólo puede ser seguido por la satisfacción más profunda y por una plena tranquilidad. Por esta razón, la música consiste siempre en la constante sucesión de acordes que, más o menos, nos desasosiegan, es decir, que excitan nuestros deseos, y de acordes que, más o menos, aportan calma y contentamiento; de la misma manera que la vida del corazón (de la voluntad) es un constante cambio desde la inquietud, mayor o menor, debida a la esperanza o al temor, a la satisfacción más o menos completa que la sigue.

La marcha de la armonía consiste, pues, en una alternativa de disonancias y consonancias conforme a las reglas del arte. Una secuencia de acordes puramente consonantes sería fastidiosa, fatigante y vacía como ese *langor* que trae consigo el cumplimiento de todos los deseos. Por eso, las disonancias, a pesar del desasosiego y casi sufrimiento que nos causan, son necesarias, pero a condición de que, con la debida preparación, se resuelvan de nuevo en consonancias. En definitiva, sólo hay en la música dos acordes fundamentales: el acorde disonante de séptima y el trítono armónico, a los cuales pueden reducirse todos los demás. Del mismo modo, para la voluntad hay solamente satisfacción e insatisfacción, si bien éstas pueden revestir múltiples formas. Y así como no hay más que dos universales y fundamentales estados de ánimo: alegría o, al menos, buena disposición de ánimo y aflicción o, al menos, malestar, del mismo modo la música tiene dos tonos generales que responden a estos estados, el mayor y el menor, debiendo hallarse siempre en uno o en otro.

Es verdaderamente maravilloso que exista un signo del dolor, sin mezcla de sufrimiento físico y sin recurrir a convencionalismos, que es, a la vez, placentero e inequívoco, el tono menor. De esto podemos juzgar cómo la música tiene sus raíces en lo más profundo de la esencia de las cosas y del hombre. En los pueblos nórdicos, cuya vida está sujeta a duras condiciones, especialmente entre los rusos, el menor predomina, aun en la música religiosa. *Allegro* en menor es muy frecuente en la música francesa y la caracteriza; es como si bailara un hombre al que le aprietan los zapatos.

Añadiré un par de consideraciones accesorias. Cuando cambia la tónica o nota básica y con ella el valor de todos los intervalos y, en consecuencia, la misma nota figura como segunda, tercera, cuarta, etc., las notas de la escala son comparables a los actores que hoy representan un papel y después otro, en tanto que su persona sigue siendo idéntica. Muchas veces el papel no encaja en el actor; lo cual es análogo a la inevitable impureza de todo sistema armónico (mencionada al final del capítulo 52 del volumen I), resultado del temperamento igualmente cambiante.

Quizá pueda alguno de mis lectores escandalizarse de que la música, que tiene el efecto de elevar tan alto nuestro espíritu que creemos nos habla de mundos mejores y diferentes al nuestro, de acuerdo con la presente metafísica, se reduzca a halagar la voluntad de vivir ya que pinta la verdadera naturaleza de la voluntad, presenta con antelación el éxito y acaba por expresar su satisfacción y contentamiento. Para calmar tales recelos puede servir el siguiente pasaje de los *Vedas:* Etanand sroup, *quod forma gaudii est,* τον pram Atma *ex hoc dicunt, quod cuocumque loco gaudium est, particula e gaudio ejus est (Oupnekhat,* vol. I, p. 405, y también vol. II, p. 215). (Y ese estado de deleite, que es una especie de encantamiento, es llamado el más elevado Atman porque, en cualquier parte que exista un gozo, será una partícula de ese gozo.)

La música,
lenguaje universal

━━━━━

LA música es el verdadero lenguaje universal que en todas partes se entiende y, por ello, se habla, en todos los países y a lo largo de todos los siglos, con gran tesón y gran celo. Una melodía significativa, que dice mucho, muy pronto da la vuelta por todo el orbe; mientras que una de sentido pobre, que no dice nada, enseguida se extingue y muere. Lo cual prueba que el contenido de una melodía es algo muy comprensible. Sin embargo, no habla de cosas sino puramente de gozo y de dolor, que son las únicas realidades para la *voluntad;* por esta razón, dice tanto al corazón, mientras que a la cabeza, *directamente,* no tiene nada que decir. Y es un abuso exigirle esto, como sucede en toda la música *descriptiva* que, por eso, de una vez por todas, es despreciable; aunque el mismo Haynd y Beethoven equivocadamente hayan seguido este camino. Mozart y Rossini, en mi opinión, nunca lo han hecho. Y es que una cosa es la expresión de sentimientos y otra la descripción de cosas.

También la gramática de este lenguaje universal está regulada hasta el último detalle: aunque sólo desde que

Rameau sentó las bases para ello. En cambio, el léxico, quiero decir el descifrar el significado de incontestable importancia de su contenido, es decir, el hacer concebible a la razón, aunque sea de modo general, qué es lo que la música en armonía y melodía dice y de qué habla, esto nadie lo ha intentado seriamente hasta que yo lo emprendí. Lo cual prueba, como tantas otras cosas, lo poco inclinados que son los hombres a la reflexión y meditación y con qué superficialidad viven. Su intención es, sobre todo, gozar placeres con el menor esfuerzo posible de pensamiento. Así lo trae consigo su naturaleza. Por eso resulta tan chistoso cuando creen tener que hacer el papel de filósofos; como puede reconocerse en nuestros profesores de filosofía, en sus magníficos trabajos y la sinceridad de su aplicación a la filosofía y a la verdad.

* * *

En general, y empleando lenguaje popular, podríamos usar la expresión: la música es la melodía cuyo texto es el mundo. El auténtico sentido de la misma se entenderá tan sólo con mi interpretación de la música. La relación de la música con lo que es acompañamiento externo a la misma como texto, argumento, marcha, baile, festividad religiosa o profana, etc., es análoga a la relación de la arquitectura, en cuanto arte simplemente bella, es decir, dirigida a fines puramente estéticos, con las verdaderas construcciones reales que ha de edificar; con cuyos fines utilitarios, ajenos a ella misma, ha de buscar conciliar los que le son propios; de forma que, bajo las condiciones que aquéllos presentan y hasta imponen, edifica un templo, palacio, juzgado, teatro, etc., que, a la vez, es en sí bello, como también adecuado a su objetivo, y hasta lo proclama por su propio carácter estético. Una dependencia análoga, aunque no tan inevitablemente utilitaria, es la de la música respecto al texto y otras realidades con que ha de contar.

Debe, en primer lugar, acomodarse al texto, aunque éste no le es algo absolutamente necesario; más aún, sin él se mueve mucho más libremente.

Pero debe no sólo adaptar cada nota a la extensión y al sentido de cada palabra del texto, sino también tener cierta homogeneidad con el mismo, así como adecuarse al carácter de los otros caprichosos fines y, por consiguiente, ser música religiosa, de ópera, militar, de baile, etcétera. Pero todo eso es tan extraño a su esencia como son, al puro arte estético de la arquitectura, los fines utilitarios de uso humano a los cuales ésta debe amoldarse y subordinar sus propios fines, que son extraños a los primeros. En el arte de la arquitectura esto es casi inevitable; pero no en la música que se mueve libre en el concierto, en la sonata y, sobre todo, en la sinfonía, su más hermoso patio de recreo, donde celebra sus saturnales.

El extravío en que se halla nuestra música actual, es comparable al de la arquitectura romana bajo los últimos emperadores, en la cual, la sobrecarga de adornos, en parte, ocultaba las relaciones esenciales y simples y, en parte, hasta las trastocaba; y es que pide mucho ruido, muchos instrumentos, mucho artificio pero muy pocas ideas claras, penetrantes, que conmuevan.

Por otra parte, en las insípidas composiciones de nuestros días, faltas de melodía, que no dicen nada, encontra-

mos de nuevo el mismo gusto de la época que tolera el
estilo literario oscuro, vacilante, nebuloso, enigmático;
sí, vacío de sentido, cuya fuente principal ha de buscarse,
sobre todo, en la hegelianería y su charlatanismo.

Dadme música de Rossini: ¡esa música habla sin palabras! En las composiciones de nuestro tiempo se mira
más a la armonía que a la melodía; yo, en cambio, soy de
opinión opuesta y considero la melodía como el núcleo
de la música, respecto a la cual, la armonía ha de ser
como la salsa es a la carne asada.

* * *

La *gran Ópera* no es el producto del puro sentir artístico; más bien del concepto, un tanto bárbaro, de la elevación del goce estético mediante la acumulación de
medios, la simultaneidad de impresiones de muy distinta
naturaleza y el reforzamiento de los efectos, mediante el
aumento de las masas y fuerzas que actúan. En cambio,
la música en sí, como la más potente de todas las artes,
por sí sola, puede llenar, a la perfección, al espíritu que
la siente de veras; más aún, sus más altas producciones,
para ser adecuadamente captadas y disfrutadas, requieren
la total concentración y entrega del espíritu para que se
entregue a ellas y en ellas se disuelva, a fin de entender
completamente su increíblemente íntimo lenguaje.

En lugar de esto, durante una música de ópera, tan
altamente complicada, el espíritu es forzado a través de
los ojos, mediante la más colorida suntuosidad, fantásti-
cas escenas y los más vívidos juegos de luz y color; aparte de que su atención está ocupada también por la trama

de la obra. Con todo ello, el espectador resulta desviado, distraído, aturdido y, por consiguiente, lo menos receptivo para el sagrado, íntimo y lleno de secretos, lenguaje de los tonos. Por medio de cosas semejantes se obstaculiza el logro del objetivo musical.

En cuanto al ballet, un espectáculo con frecuencia más dirigido a la voluptuosidad que al goce estético, dados los escasos medios de que dispone y la consiguiente monotonía que de ello se deriva, pronto resulta inmensamente aburrido y agota la paciencia; sobre todo, porque la tediosa —que a veces dura un cuarto de hora— repetición de la misma secundaria melodía de baile, fatiga el sentido musical y lo embota, de suerte que apenas le queda ya capacidad para subsiguientes sensaciones musicales de categoría más seria y elevada.

Puede suceder, aunque un espíritu puramente musical no lo necesita, que el puro lenguaje de los sonidos, aunque es en sí suficiente y no necesita ayudas, sea complementado y reforzado con palabras y también, desde luego, con una representación visible; con ello, nuestro intelecto, que mira y reflexiona y no puede estar ocioso, tiene una ocupación ligera y paralela, y así, la atención para la música se intensifica y mantiene, y lo que los sonidos, en su lenguaje universal y sin signos visibles, dicen, le es presentado al intelecto como un cuadro visible, semejante a un esquema o como un ejemplo respecto a un concepto universal. Sí; esto reforzará el efecto de la música. Pero ha de mantenerse en los límites de la mayor simplicidad; de lo contrario, irá contra el objetivo capital de la música.

La gran acumulación de voces instrumentales y humanas en la ópera tiene, sin duda, enorme influjo en los efectos musicales. Sin embargo, el impacto de ese influjo, desde un simple cuarteto hasta orquestas con cientos de voces, no está en relación con esa acumulación; pues el acorde no puede tener más que tres y, sólo en un caso, cuatro tonos, y el espíritu no puede captarlos simultáneamente, por muchas que sean las voces de las más diversas octavas que, al mismo tiempo, puedan dar esos tres o cuatro tonos. Por todo ello, se explica cómo una hermosa música, ejecutada a cuatro voces, puede en ocasiones conmovernos más profundamente que toda una *ópera seria* (Ópera de gran estilo), cuyo extracto proporciona. Exactamente, como el dibujo causa a veces más impresión que el cuadro al óleo.

Lo que, sobre todo, limita la capacidad del cuarteto es que no puede alcanzar la amplitud de la armonía, es decir, la separación de dos o más octavas entre el bajo y la más grave de las tres voces altas; cosa que, desde lo profundo del contrabajo, puede conseguir la orquesta, cuyo efecto, precisamente por eso, se eleva, de modo increíble, cuando un gran órgano, que desciende hasta el último límite de la percepción del sonido, toca continuamente, como acompañamiento al bajo profundo, cual sucede en la iglesia católica de Dresde. Sólo así produce la armonía todo su efecto. Pero, en general, la sencillez, que suele acompañar también a la verdad, es una regla esencial de toda arte, de todo lo bello, de toda representación del espíritu; al menos, es siempre peligroso apartarse de ella.

Hablando con rigor, podría también designarse la ópera como un invento no-musical, destinado a espíritus no-musicales, para los cuales hay que introducir la música de contrabando a través de un medio extraño, como puede ser el acompañamiento de una insustancial y ampulosa historia de amor y su poética sopa de agua; porque el texto de la ópera no aguanta una poesía concentrada, cargada de espíritu y pensamiento, pues la composición no podría adaptarse a la misma.

Querer convertir a la música totalmente en servidor de la mala poesía es un camino extraviado que ha seguido, sobre todo, Gluck, cuya música de ópera sin palabras, exceptuadas las oberturas, resulta, por eso, inaguantable. Sí; podría decirse que la ópera se ha convertido en ruina de la música, pues no sólo debe ésta rebajarse y adaptarse a la andadura y caprichoso ritmo de una insulsa fábula; no sólo se distrae al espíritu y se le aparta de la música, a través del despliegue infantil y bárbaro de decoraciones y trajes y mediante las acrobacias de los bailarines y las cortas faldas de las danzarinas; no sólo eso, el canto mismo perturba con frecuencia la armonía, en cuanto la voz humana *(vox humana),* que musicalmente considerada es un instrumento como cualquier otro, no quiere coordinarse e insertarse con las otras voces, sino simplemente dominarlas.

Cuando se trata de las voces de alto o de soprano, esto es perfectamente aceptable, pues a ellas, por su propia condición, corresponde, esencialmente y por naturaleza, la melodía. Pero, en las arias del bajo y del tenor, la melodía directiva corresponde principalmente a los instrumentos altos; por eso, el canto resulta entonces como una voz indiscreta, en sí puramente armónica, que quiere gritar más que la melodía. O si no, el acompañamiento se eleva por contrapunto, completamente contra la naturaleza de la música, para ceder a la voz del tenor o del bajo la melodía; pero el oído sigue siempre los tonos más altos, es decir, los del acompañamiento.

Yo soy realmente de la opinión que un aria de solo, con acompañamiento de orquesta, únicamente es adecuada al tiple o al soprano y que deberían emplearse voces de hombre solamente en dúo con las anteriores o en piezas de varias voces; bien sea que éstas canten sin acompañamiento alguno o simplemente con uno de bajo.

La melodía es la natural prerrogativa de las voces más altas y debe seguir siéndolo. Por eso, cuando, en la ópera, a una forzada y artificiosa aria de barítono o de bajo sigue un aria de soprano, nosotros, con satisfacción, sentimos lo puramente natural y artístico de ésta. El que grandes maestros, como Mozart y Rossini, han sabido atenuar, y hasta superar, este inconveniente no significa que no exista.

Un goce, mucho más puramente musical que la ópera, nos lo ofrece la *misa* cantada, cuyas palabras, en su mayoría apenas inteligibles, o los aleluya, gloria, eleison, amen, etc., repetidos sin fin, se convierten en puro *Solfeggio* (canto sin palabras) en que la música, manteniendo tan sólo el carácter universal de la Iglesia, se expande libremente y no está restringida en su propio terreno, como en los cantos de ópera, por miserias de toda clase; de manera que aquí, sin trabas, desarrolla todas sus potencias, puesto que ella, sin el carácter agobiado, puritano o metodista, de la música religiosa protestante, no se arrastra por el suelo, como la moral protestante, sino que, libre y batiendo con gran despliegue sus alas, alza el vuelo como un serafín.

Tan sólo misa y sinfonía dan límpido, pleno goce musical; mientras que, en la ópera, la música se debate miserablemente con la vacuidad del argumento y su seudopoesía y, bajo el peso extraño que se le impone, trata de salir adelante lo mejor que puede.

El desdeñoso menosprecio, con que el gran Rossini ha tratado al texto, es, aunque no merecedor de elogios, auténticamente musical. Pero, sobre todo, la gran ópera, que, por su duración de tres horas, embota más y más nuestra sensibilidad musical, mientras el paso de tortuga de una trama casi siempre insustancial pone a prueba nuestra paciencia, es, en sí misma, básicamente, constitucionalmente, de naturaleza aburrida; aunque una magnífica ejecución pueda superar muchos defectos. Así pues, en este género, sólo con las obras maestras se puede estéticamente disfrutar; todas las medianas son desechables. Debería intentarse también concentrar más y resumir las óperas, para reducirlas, cuando ello es posible, a un acto y a una hora. Con profundo sentido de esto, habían recurrido en Roma, en mi tiempo, en el teatro dela Valle, al mal recurso de presentar alternativamente el acto de una ópera y el de una comedia.

La duración máxima de una ópera debería ser dos horas; la de un drama tres; pues la atención y tensión del espíritu, que este último requiere, se pueden mantener durante más tiempo, dado que fatiga mucho menos que la inextinguible música que, al final, se convierte en tormento de los nervios; por esta razón, en la actualidad, el último acto de una ópera es, en general, un martirio del oyente, y todavía más de los cantores y músicos; se podría creer que se está viendo una numerosa asamblea, que se congregó para autoflagelarse y lo realiza con perseverancia hasta el momento final; por el cual, cada uno en secreto, lleva ya largo tiempo suspirando, con excepción de los desertores.

La obertura debe predisponer para la ópera, en cuanto anuncia el carácter de la música y, también, el curso de los acontecimientos. Pero no debe hacerlo de una manera muy explícita y clara, sino tan sólo como en el sueño se prevé lo venidero.

* * *

Un vodevil es comparable a un hombre que se presenta con trajes que ha comprado en tiendas de segunda mano. Cada pieza ha sido usada por algún otro, para quien fue confeccionada a medida, y se ve bien que no se corresponden entre sí.

Semejante al vodevil es esa chaqueta arlequinesca del popurrí, compuesta de jirones que alguien cortó, de su falda o de su traje, a gente honrada —una verdadera infamia musical que debiera ser prohibida por la policía.

* * *

Merece notarse que, en la música, el valor de la composición es superior al de la ejecución. En cambio, en una representación teatral, la relación es a la inversa; es decir, una excelente composición, ejecutada de modo mediocre pero con fidelidad y correctamente, ofrece mucho más goce que la mejor ejecución de una mala composición. Y, al contrario, una mala obra teatral, representada por buenos actores, es mucho mejor que la más excelente obra, representada por cómicos mediocres.

Índice de referencias

———

Los títulos que a continuación se citan, y los números de capítulos que tras los mismos se señalan, corresponden a la obra de Schopenhauer *Parerga und Paralipomena,* vol. II, en la que el autor recogió estudios sobre muy variados temas y se publicó en 1851.

«Pensar por sí mismo»: Selbstdenken. Capítulo 22.

«Pensar y leer»: Über Lesen und Bücher. Capítulo 24.

«El lenguaje y las palabras»: Über Sprache und Worte. Capítulo 25.

«El oficio del escritor, sobre el estilo»: Über Schriftstellerei und Stil. Capítulo 23.

«La música, lenguaje universal»: Zur Metaphysik des Schönen und Aesthetik. Capítulo 19, apartado 218 y siguientes.

En español no se ha publicado ninguna traducción completa de *Parerga y Paralipomena,* aunque se han traducido y publicado numerosos textos de dicha obra bajo títulos diversos como *El arte de vivir o Eudemonología, Metafísica del amor, Metafísica de la muerte,* etcétera.

El apartado sobre *La música en la jerarquía de las artes* corresponde al capítulo 52 del volumen I de la obra capital del autor, *Die Welt als Wille und Vorstellung (El mundo como voluntad y representación)*.

El apartado que lleva por título: *Metafísica de la música:* Zur Metaphysik der Musik, corresponde al capítulo 39 del volumen II de la citada obra *El mundo como voluntad y representación*.

En cuanto al texto alemán, para la presente traducción se ha seguido el fijado por la edición histórico-crítica de Arthur Hübscher (Brockhaus, Wiesbaden, 1946-1950), que está considerada como la mejor edición alemana actual de las obras de Schopenhauer y de la que existen diversas reediciones posteriores.